Rupert Neudeck

Mutbürger

Gelebter Widerstand. Zwölf Beispiele

Impressum

Rupert Neudeck
Mutbürger
Gelebter Widerstand. Zwölf Beispiele

Layout: Andreas Klinkert
Satz: Elke Habicht
Fotoillustration: Publik-Forum
unter Verwendung eines Fotos von pa/dpa/Hanschke
Druck und Bindung: Westermann Druck Zwickau GmbH
Auflage: 1/2011

Publik-Forum Verlagsgesellschaft mbH
Postfach 2010
61410 Oberursel

ISBN 978-3-88095-215-7

Rupert Neudeck

Mutbürger

Gelebter Widerstand
Zwölf Beispiele

»Ich bin in gar keiner Märtyrer-Stimmung, nicht die Spur, aber ich verstehe jetzt, daß es gar nicht so unerhört war, daß die frühen christlichen Märtyrer singend sich von wilden Tieren zerreißen ließen. Es ist im Grunde viel leichter, sich singend in so etwas zu schicken, als zu murren. Nur, ob man singt oder murrt, das vermag man selbst nicht zu fabrizieren, sondern das ist eben ein Akt der Gnade.«

Helmuth James Graf Moltke am 13. Dezember 1944
an seine Frau Freya von Moltke

Inhalt

Widerstand als Haltung 7

Widerstand üben, auch in sorglos-normalen Zeiten 13

Gegen Hybris 21

Für Ferien vom Handy und vom Internet 27

Die Heimat für die nächsten Generationen erhalten 31

Gegen Werbung 43

Gegen Bequemlichkeit 47

Gegen Geheimdienste 51

»I do not hope, I persevere« 61

Kirchenkrise – wo bleibt unser Widerstand? 69

Renaissance des Widerstandes. »Jeder ist der Redner« 79

Statt eines Nachworts 87

Widerstand als Haltung

Wo überall auf der Welt ist Widerstand nötig? Wo war in Deutschland Widerstand nötig, als wir in das schwärzeste Loch unserer deutschen Geschichte fielen? Immer wenn ich in München in der Universität in die Nähe des Treppenhauses komme, muss ich mir mit innerem Schaudern bewusst machen, dass es nur die Geschwister Scholl und Alexander Schmorell waren, die dort im Angesicht einer konformistischen Masse von Studenten, Lehrern und sonstigen Regime-Fans ihr Leben riskiert haben.

Das hat mich seit meinen Schülertagen bewegt und bewogen, zu beschreiben, wie ich mich in ordentlichen Verhältnissen immer ein wenig unwohl fühle, in denen Gartenzwerge im Sonnenlicht gleißen, die Rasenmäher die einzigen Lärmverursacher sind und wir uns auf die Flasche Bier am Abend freuen, aber kaltgestellt sollte sie schon sein.

Nein, nicht, was Sie jetzt vielleicht meinen: Ich trinke gern ein Bier, ich bin kein Verächter des Wohlstands und der Bequemlichkeit. Aber da ich weiß, wie Körper und Seele zusammenwirken und dass René Descartes nicht recht hat mit seinem »Cogito, ergo sum« – es kommt auch ein Wille, ein Mut, eine Courage, eine Behändigkeit, eine Spannkraft hinzu, um in der entscheidenden Situation »in Form zu sein« –, habe ich den Sport immer gemocht. Und die Exerzitien der Jesuiten. Beides verlangt ständige Übung: Die einen trainieren ihren Körper, um nicht lahmarschig und fett zu werden. Die anderen versuchen mit ihren fast schon gewalttätigen »Exercitia spiritualia«, mit Seele, Gemüt und Körper in Form zu bleiben.

Deshalb merke ich auf und freue mich, wenn sich Bürger nicht wegen eines individuellen Vorteils, einer Prämie, eines Zuschlags in Bewegung setzen, sondern weil sie das Gefühl haben: Wir müssen unsere Umwelt schützen. Sie haben individuell nichts oder nicht viel davon. Aber sie wollen das alte Bahnhofsgebäude erhalten, in der Einsicht, dass wir nicht immer weiter blindwütig abreißen, immer Neues aufbauen müssen, nur weil wir Wachstum brauchen.

Diese Haltung eines Volkes, das den Widerstand auch übt, wenn es nicht um den Einzelnen, sondern um alle geht, die liebe ich. Wie jene Kosovaren, die aus ihrem Land gejagt wurden und sich mit einer Gewaltlosigkeit im Geist Gandhis unter Ibrahim Rugova gewehrt haben. Wie diese Gaza-Leute, denen die Möglichkeiten von Menschen und Bürgern im 21. Jahrhundert verwehrt werden. Die Menschen in Tunesien, die da so heftig und unerbittlich und mutig im Januar 2011 auf die Straße gegangen sind, dass der Kleptokrat Ben Ali mit einer Riesenmenge Goldes, das er seinen Landsleuten geraubt hatte, außer Landes gehen musste.

Wie die Ägypter, die sich mit einer begeisternden Einigkeit auf das eine Ziel konzentriert haben: den Diktator und Dynastiebegründer Hosni Mubarak aus dem Amt zu jagen. In einem unbewaffneten Volksaufstand angesichts so vieler bewaffneter Einheiten der ägyptischen Armee, Luftwaffe, Marine und, wie sich zeigte, gegen die Polizei und den Geheimdienst.

Auch hierzulande gibt es Lieblosigkeit und Gewalt gegen Einzelne, die sich nicht wehren können, gegen die Natur, gegen die Alten. Wenn die vor die vollendete Tatsache gestellt werden, dass sie auf dem Bahnhof Fahrkarten bei einer Maschine zu kaufen haben, muss man ihnen vor Ort dabei behilflich sein. Aber man muss eben auch vom Unternehmen Bahn verlangen, dass der Unfug aufhört, um einer höheren Rendite willen jeden öffentlichen Dienst in die »Hände« von Automaten zu legen.

Es gibt jedoch auch einen Vollkasko-Widerstand, der sich in Demonstrationen ausdrückt, die von der jeweiligen Gewerkschaft bezahlt oder während der Schulstunden von den Lehrern organisiert werden. Solches war mir immer suspekt. Widerstand muss etwas kosten.

Der chinesische Nobelpreisträger Liu Xiaobo und seine Vorgänger sind die eigentlichen First-Class-Preisträger, jene, die auf Erden den Preis nicht entgegennehmen können, die auf ihren – hoffentlich natürlichen – Tod oder den Tod eines feindseligen Regimes warten müssen. So einer war der unvergesslich unbeugsame Carl von Ossietzky, der 1935 den Friedensnobelpreis bekam, als er im KZ saß. Er war der eigentliche Vorgänger des Preisträgers von 2010, Liu Xiaobo, der ja seinen Ehrentag ebenfalls im Gefängnis überleben und bestehen musste.

Es war 1960 der ANC-Präsident Albert John Luthuli, zu dessen Gunsten die Weltgemeinschaft sehr viel Druck aufwenden musste, damit die damalige Apartheidregierung unter Hendrik Verwoerd ihn aus Südafrika ausreisen ließ.

Dann wurde 1975 der geniale Physiker und Widerstandskämpfer Andrej Sacharow ausgezeichnet für seinen Kampf für die Rechte seiner Mitbürger und aller Menschen. Er durfte es nicht wagen auszureisen, seine Frau Jelena nahm den Nobelpreis in Stockholm entgegen.

Ähnlich dann 1983 der einfache Klempner und Arbeiterführer Lech Wałesa. Er wurde mit dem Preis in den Zeiten des Ost-West-Konflikts geehrt, in denen ein Regime es schaffte, sich selbst dadurch zu bestrafen und zu beschämen, dass es jemanden aus-, aber nicht wieder einreisen ließ. Wałesas Frau Danuta und sein Sohn Bogdan nahmen den Nobelpreis entgegen.

Dann 1991 die Heldin des burmesischen Volkes, eine Frau, die Burma, die Kultur der Burmesen, die Gewaltlosigkeit und den Sieg über die Vergeblichkeit verkörpert: Aung San Suu Kyi. Sie konnte nicht einmal daran denken zu fragen, ob sie nach Stockholm fliegen könne. Man hätte ihr mit Sicherheit die Rückkehr verweigert.

Und schließlich 2010 der chinesische Menschenrechtsfreund und Aktivist, dem nun schon mehrere Jahre seines aktiven Lebens gestohlen wurden.

Ich will schließen mit den Widerstandsäußerungen zweier Menschen, denen ich nachzueifern versuche. Der eine entging knapp seiner Ermordung, weil er sich unter dem Bett seiner Zelle in dem Trappistenkloster Tibhirine im Atlas-Gebirge in Algerien versteckt hatte, als die vom Geheimdienst infiltrierte Islamistenbewegung GIA im Auftrag des algerischen Geheimdienstes die Mönche kidnappte. Davon berichtet der große Film »Von Menschen und Göttern«.

Pater Jean-Pierre sagt, er verspüre kein Gefühl des Hasses gegenüber den Mördern. »Weder Amédé, der andere Überlebende, noch ich denken schlecht von ihnen. Aber wir wünschen, dass es ihnen gelingen wird zu verstehen, dass, was sie getan haben, keinen Sinn hat: Gewalt anzuwenden, um politische Ziele zu erreichen.«

Und wie auch Jesus Christus in uns den Widerstandsgeist anfeuert, wenn wir ihm denn wirklich nachfolgen und ihn nicht bloß in bürgerlicher Herablassung für »ganz anständig« halten, das hat mich neben anderen die Heldin des Kampfes gegen Lepra und vielerlei Krankheiten in Pakistan, Dr. Ruth Pfau, gelehrt, die ich gern in der Reihe der San Suu Kyi und Mutter Teresa – also der Friedensnobelpreisträger – sähe:

»Not und Elend müssen wir mit allen Kräften abzuschaffen versuchen. In Afghanistan wäre ich beinahe verrückt geworden angesichts des unvorstellbaren Leids. Damals etwa, als ich vor einem Kind stand, einem sechsjährigen Kind mit einem eingeklemmten Blasenstein. Das sind die schrecklichsten Schmerzen, die man haben kann. Wir hatten keine operativen Möglichkeiten. Mich verfolgen noch heute die Schreie dieses Jungen, wenn die Kolikanfälle kamen. Wie ich damit zu Rande komme als Christin? Ich komme damit *nicht* zu Rande. Ich werde dies auf meine eschatologische Liste setzen und Ihn fragen: ›Wieso hast du dies zugelassen, du, der du dieses Kind liebst?‹ Ich konnte dem Buben nicht helfen. Ich konnte mit Tränen in den Augen der Mutter versichern, dass es mir so ging wie ihr. Oder der Zweiundzwanzigjährige, der im Widerstand verletzt wurde und der gestorben ist, weil wir keine Bluttransfusionen machen konnten. Der gestorben ist, während der Hubschrauber über uns flog, der ihn in 20 Minuten nach Kabul hätte bringen können. Diese absurden Schmerzen des Kindes, dieser sinnlose Tod, das sind Dinge, die ich nie verstehen kann und nicht verstehen will« (Ruth Pfau, Leben heißt anfangen, Freiburg: Herder, 2010, S. 36 f.).

Widerstand ist eine Forderung, die Jesus Christus an uns hat. Entweder wir bleiben anpassungsschlau weggeduckt oder wir weigern uns zu »verstehen« und widerstehen.

19. Januar 2011

Widerstand üben, auch in sorglos-normalen Zeiten

»Besprochen wurde: nicht etwa Organisationsfragen, nicht etwa Reichsaufbau – das alles ist im Laufe der Verhandlung weggefallen, und Schulze hat es auch in seinem Plädoyer ausdrücklich gesagt (›unterscheidet sich völlig von allen sonstigen Fällen, da in den Erörterungen von keiner Gewalt die Rede war‹), sondern besprochen wurden Fragen der praktisch-ethischen Forderungen des Christentums. Nichts weiter, dafür werden wir verurteilt. Freisler sagte zu mir in einer seiner Tiraden: ›Nur in einem sind das Christentum und wir gleich: wir fordern den ganzen Menschen‹.«

Helmuth James Graf Moltke am
10./11. Januar 1945 an seine Frau Freya

Widerstand muss man nicht definieren, er erwächst aus einer Haltung, die man von Kindesbeinen an immer üben muss. Wenn man viel Glück hat (ich hatte in meinem Leben großes Glück), lernt man das in der Schule, in der Familie, bei und mit den eigenen Eltern.

Aber man muss es immer probieren. Die ganze humanitäre Arbeit, die wir organisieren, hat den Sinn, jungen und älteren Kandidaten die Möglichkeit zu bieten, einmal mutiger zu sein, als es in der Wohlstands- und Jammer-Republik Deutschland geboten ist. Einmal aus der Totalsicherheit herauszuspringen, einmal an einer Arbeit teilzunehmen, die gerade noch von oben erlaubt ist, in Länder zu gehen, von deren Besuch das Auswärtige Amt abrät.

Ich bin glücklich, dass ich das immer wieder ausprobieren konnte, auch im Journalismus, in meiner Zeit beim Deutschlandfunk. In meiner Zeit bei der »Funkkorrespondenz« ging es um die Besetzung der Position der Abteilung »Kirche und Gesellschaft«. Der Nachfolger des famosen Reinhold Waltermann war zu suchen. Es gab einen guten Kandidaten, aber die Diözese Essen hatte Einwände, denn der Betreffende war ein ehemaliger Priester. Für den habe ich damals geschrieben, obwohl wir bei diesem sehr guten Blatt ein Gebot einzuhalten hatten: niemals über Kirchenfragen im Zusammenhang mit Rundfunk und Fernsehen zu schreiben.

Die mangelnde Fähigkeit zum Widerstand hat uns dieses bis heute quälende und nie ganz zuzuschüttende Loch der Geschichte der Deutschen eingebracht. Ich bin sicher, dass Tausende, Zigtausende meiner Landsleute draußen in Russland oder Nordafrika, in Frankreich und in Polen, in Griechenland und Italien wussten, was sie da Verbrecherisches taten. Aber dieses Gütesiegel einer verfluchten Anständigkeit – dass es heißt: Ich habe Befehle, oder: Ich habe Anweisungen – hinderte Hunderttausende daran, die Waffen umzudrehen und diesem verkehrten und total verbrecherischen Leben ein Ende, ein radikales Ende zu bereiten.

Dieser Widerstand darf kein Spiel oder Sport sein. Wenn ich höre, dass Schülerinnen und Schüler zum Protestieren und Demonstrieren nur bereit waren, wenn es während der Schulzeit war und sie dafür freibekamen, dann kann ich denen nur sagen: Das ist es nicht, was ich mit dem Üben des Widerstandes meine. Auch dass man sich gegen die Ungerechtigkeit in der Welt auflehnt, indem man sich erst einmal von seiner Regierung einen Auslandsaufenthalt subventionieren lässt, ist nicht die Übung. Das sind nicht die »Exercitia resistantiae«, wie ich sie in Anlehnung an die »Exercitia spiritualia« des Ignatius von Loyola nennen möchte. Also die Übungen im Widerstandleisten. So wie es das Evangelium schon gesagt hat: Wer Vater und Mutter mehr liebt als mich, ist meiner nicht wert. Das empfinden wir als pietätlos. Genau das aber kann Widerstand manchmal verlangen.

Widerstand üben wir noch in ordentlichen, anständigen, bürgerlichen Wohlstandsverhältnissen. Aber im entscheidenden Moment kann uns gesagt sein: Wir müssen jetzt etwas tun. Ich muss jetzt die Richtung ändern.

Dass ein Künstler sein Publikum achtet, ist eine Bedingung seines Berufs, aber er muss auch wissen, was er tun darf und was nicht, und er muss wissen, was er tatsächlich tut. Der Kabarettist Gerhard Polt hat eine Geschichte erzählt, die er von dem verstorbenen bayerischen Schauspieler Hans Stadtmüller gehört hat. Stadtmüller sei im Zweiten Weltkrieg beim Fronttheater gewesen, dessen Vorstellungen der »Erholung« der Soldaten dienen sollten. Meistens, so erzählte der Stadtmüller Hans, sei die Stimmung gut gewesen, und nach der Vorstellung seien sie oft von Offizieren noch auf ein Glas Sekt eingeladen worden. Eines Tages aber sei die Stimmung besonders toll gewesen, »die Leute hörten gar nicht mehr auf zu schreien, sie waren sozusagen überbegeistert«. Stadtmüller habe sich nachher erkundigt, was für ein tolles Publikum das gewesen sei. Und er erfuhr: »Das war ein Exekutionskommando aus der Ukraine.« Polt: »Ist das nicht Wahnsinn?«

Ja, das ist Wahnsinn. Mitten im Leben werden wir von Entscheidungen überfallen oder vor Fragen gestellt, die Entscheidungen von uns verlangen: So und nicht anders! Bis hierher und nicht weiter!

Immer wieder ertappe ich mich dabei, wenn ich versage, weil ich mich zu starr an den Komment und die äußeren Vorbedingungen gehalten habe.

In einer Talkshow wird jemand eigens eingeladen, um die Quote zu steigern; seine Position und Funktion: »der harte Hund«. Es ist Arnulf Baring, der diese Funktion seit Jahren gern übernimmt. Er muss nichts vom Thema verstehen, Hauptsache, er ist hart und kämpferisch, eben »harter Hund«. Er beleidigt meine Nachbarin Katrin Göring-Eckardt kränkender, als es in der Sendung des öffentlich-rechtlichen Fernsehens hätte erlaubt sein dürfen. So geschehen am 14. November 2010 in der Talkshow mit Anne Will. Erst nachher wurde mir klar: Ich hätte aufspringen und protestieren und die Sendung verlassen müssen.

»Nachher« reicht und gilt nicht. Man muss vorher wissen, was gut und richtig und gefordert ist. Das hat uns nicht erst Immanuel Kant gelehrt; schon die drei großen Religionen sagen es uns. Deshalb kann ich nur empfehlen, die deutschen Widerstandskämpfer gegen Hitler und die Nazi-Barbarei immer wieder zu studieren und zu lesen. Ich will hier einen Brief zitieren, bei dem mir schon beim stummen Lesen die Tränen kommen, den ich mir immer wieder vornehme, wenn ich durch irgendeine Kleinigkeit versucht bin, wieder einmal traurig und enttäuscht zu sein.

Am 10. Januar 1945 schreibt Helmuth James von Moltke, einer der »Verschwörer« des 20. Juli 1944, seiner Frau Freya aus dem Gefängnis Tegel (alle folgenden Briefzitate aus: Helmuth James und Freya von Moltke: Abschiedsbriefe Gefängnis Tegel September 1944 bis Januar 1945, München: C. H. Beck, 2011):

»Mein liebes Herz, zunächst muss ich sagen, dass ganz offenbar die letzten 24 Stunden eines Lebens gar nicht anders sind als irgendwelche anderen. Ich hatte mir immer eingebildet, man fühle das nur als Schreck, daß man sich sagt, nun geht die Sonne das letztemal für dich unter, nun geht die Uhr nur noch zwei Mal bis 12, nun gehst du das letztemal zu Bett. Von all dem ist keine Rede. Ob ich wohl ein wenig überkandidelt bin? Denn ich kann nicht leugnen, daß ich mich in geradezu gehobener Stimmung befinde. Ich bitte nur den Herrn im Himmel, daß er mich darin erhalten möge, denn für das Fleisch ist es sicher leichter, so zu sterben. Wie gnädig ist der Herr mit mir gewesen!

Selbst auf die Gefahr hin, daß das hysterisch klingt: ich bin so voll Dank, eigentlich ist für nichts anderes Platz.

Er hat mich die zwei Tage so fest und klar geführt: der ganze Saal hätte brüllen können wie der Herr Freisler, und sämtliche Wände hätten wackeln können, und es hätte mir gar nichts gemacht; es war wahrlich, wie es im Jesaja 43,2 heißt: ›Und so du durch Wasser gehst, will ich bei dir sein, daß dich die Ströme nicht sollen ersäufen; und so du ins Feuer gehst, sollst du nicht brennen und die Flamme soll dich nicht versengen.‹ Nämlich deine Seele. Mir war, als ich zum Schlußwort aufgerufen wurde, so zumute, daß ich beinahe gesagt hätte: Ich habe nur eines zu meiner Verteidigung aufzuführen: Nehmen Sie den Leib, Gut, Ehr, Kind und Weib, laß fahren dahin, sie haben's kein Gewinn, das Reich muß uns doch bleiben. Aber das hätte die anderen nur belastet. So sagte ich nur: ich habe nicht die Absicht, etwas zu sagen, Herr Präsident.«

Nicht, wie er erwartete, nach zwei Tagen, sondern erst am 23. Januar 1945 ist der Mann, der da so klar im Glauben an den geforderten Widerstand gehängt wurde, bei seinem Herrgott gewesen und ist es bis heute.

Er fährt in diesem Brief fort: »Es ist nun noch ein schweres Stück Weges vor mir, und ich kann nur bitten, daß der Herr mir weiter so gnädig ist, wie er war.« Das ist nicht ironisch, man kann in solch einer Situation nicht mehr ironisch sein.

Eugen Gerstenmeier, der auch in Tegel war, hatte ihnen Matthäus 14, 22–33 aufgeschrieben. Es ist die Geschichte, wie Jesus nach der Speisung der fünftausend über den Wellen wandelt. Es war Abend geworden. Das Boot auf dem See Genezareth hatte sich weit vom Land entfernt. Zur Zeit der vierten Nachtwache kam ER, auf dem See wandelnd, auf sie zu. Da meinten sie, ein Gespenst zu sehen. Sie schrien vor Furcht. Aber Jesus sagte ihnen, was uns den Widerstand leichter macht: »MUT! Ich bin es, fürchtet euch nicht!« Da gab der tollkühne Petrus zur Antwort: »Herr, wenn du es bist, heiße mich zu dir über das Wasser kommen!« Jesus: »So komm.«

Da geschah das Gleiche, weshalb wir immer wieder Mut und Widerstand einüben und Feigheit in uns bekämpfen müssen. Als Petrus den starken Wind spürte und anfing, in den Fluten zu sinken, schrie er: »HERR, rette mich!« Jesus streckte seine Hand aus – packte ihn und sagte nur diesen uns alle immer wieder entlarvenden Satz: »Kleingläubiger, warum hast du gezweifelt?«

Harald Poelchau hat uns berichtet: »Helmut hat unter der Spannung gelitten, leben zu wollen und auch immer noch an eine gewisse Chance für eine Begnadigung glauben zu können.« Er sei in diesen Monaten immer tiefer in das Christentum hineingewachsen. Ich würde sagen: in dieses Christentum des Widerstandes gegen offene und heimliche, gegen auswärtige und inländische Verbrechen, Morde, Massaker, Demütigungen.

Am 23. Januar war Poelchau noch einmal gegen elf Uhr bei ihm, sie tauschten Briefe aus. Als er dann gegen ein Uhr erneut in Moltkes Zelle hineinschaute, fand er sie leer. Man habe den Gefangenen nach Plötzensee überführt. Dort wurde er am 23. Januar um 14 Uhr »hingerichtet«. Schon das Denken und Reden der Widerständler war für das Regime todeswürdig. Moltkes Freund Theodor Haubach wurde ebenfalls gehängt.

Das war das Christentum des Widerstandes. Wenige waren Christen, wie sich Jesus Christus sie vorgestellt hatte. Die meisten waren Klein- und Halbgläubige. Gläubige, die sonntags in die Kirche gehen und sonst nichts. Die sonst ihre »Pflicht« tun, Anweisungen verstehen und Gehorsam üben statt Widerstand.

Und noch einmal Moltke in diesem seinem vorletzten Brief an seine Frau:

»Möge Gott Dir so gnädig sein, wie mir, dann macht selbst der tote Ehewirt gar nichts. Seine Allmacht vermag er eben auch zu demonstrieren, wenn Du Eierkuchen für die Söhnchen machst oder Puschti beseitigst, obwohl es das hoffentlich nicht mehr gibt, ich sollte wohl von Dir Abschied nehmen – ich vermag's nicht, ich sollte wohl Deinen Alltag bedauern und betrauern – ich vermag's nicht. Ich kann Dir nur eines sagen: Wenn Du das Gefühl absoluter Geborgenheit erhältst, wenn der Herr es Dir schenkt, was Du ohne diese Zeit und deren Anschluß nicht hättest, so hinterlasse ich Dir einen nicht konfiszierbaren Schatz, demgegenüber selbst mein Leben nicht wiegt« (S. 475 f.).

Und in seinem letzten Brief vom 11. Januar 1945 konnte dieser Mann noch sagen:

»Mein Leben ist vollendet, und ich kann von mir sagen: er starb alt und lebenssatt. Das ändert nichts daran, daß ich gerne noch etwas leben möchte, daß ich Dich gerne noch ein Stück auf dieser Erde begleitete. Aber dann bedürfte es eines neuen Auftrages Gottes. Der Auftrag, für den Gott mich gemacht hat, ist erfüllt. Will er mir noch einen neuen Auftrag geben, so werden wir es erfahren. Darum strenge Dich ruhig an, mein Leben zu retten, falls ich den heutigen Tag überleben sollte. Vielleicht gibt es noch einen Auftrag.«

Wenn das noch nicht für uns alle herausfordernd und beschämend genug ist, geht der große Widerständler, der Franktireur und mutige Bekämpfer seiner und unser aller Feigheit und Ängstlichkeit noch einen Schritt weiter: Es sei nichts weiter zu sagen, meint der Graf, er höre auf. Er habe auch niemanden genannt, den Freya grüßen oder umarmen solle:

»Du weißt selbst, wem meine Aufträge für Dich gelten. Alle unsere lieben Sprüche sind in meinem Herzen und in Deinem Herzen. Ich aber sage Dir zum Schluß kraft des Schatzes, der aus mir gesprochen hat und der dieses bescheidende irdene Gefäß erfüllt:
Die Gnade unseres Herrn Jesu Christi
Und die Liebe Gottes und die Gemeinschaft
des Heiligen Geistes sei mit euch allen. Amen« (ebd., S. 482).

11. Dezember 2010

Lektürehinweis

Helmuth James und Freya von Moltke, Abschiedsbriefe Gefängnis Tegel September 1944 – Januar 1945, München: C. H. Beck, 2011.

Frauke Geyken, Freya von Moltke. Ein Jahrhundertleben 1911-2010, München: C. H. Beck, 2011.

Sabine Dramm, V-Mann Gottes und der Abwehr. Dietrich Bonhoeffer und der Widerstand, Gütersloh: Gütersloher Verlagshaus, 2005.

Gegen Hybris

Im Sommer des vergangenen Jahres rasten mehrere Flugzeuge in eine Bruchlandung und rissen fast all ihre Passagiere in den Tod. Die meisten der Menschen, die dabei starben, waren europäische Touristen. So bei der libyschen Airline, die auf dem Weg von Johannesburg zu einer Zwischenlandung nach Tripolis ansetzte und dabei in Flammen aufging. Von weit über hundert Niederländern hat einzig ein kleines Kind überlebt; es ist wohl aus dem Flugzeug herausgeschleudert worden. Ähnlich auf einem offenbar nicht einfachen Flughafen in Südindien, wo eine Maschine der Air India mit indischen Gastarbeitern aus Dubai zerschellte. Zwei Monate vorher krachte eine polnische Lot-Maschine mit der gesamten politischen und militärischen Führungsschicht bei Smolensk auf die Landebahn und verfehlte ihren Anflugspunkt: Alle kamen ums Leben, einschließlich des polnischen Präsidenten Kaczynski.

Auf die Idee, dass die Erde das nicht mehr aushält, diese unendliche Zunahme an Profiterwartungen im Fluggeschäft, und dass wir uns zurücknehmen sollten, kam bisher niemand.

Auch nicht, nachdem uns zur Genüge bekannt gemacht wurde, dass der CO_2-Ausstoß bei Flugzeugen den der anderen Verkehrsmittel am Boden weit übersteigt. Es geht wie immer um Wachstum: mehr, schneller, größer, weiter, höher.

So sind wir alle, Christen, Juden, Muslime, CDU und SPD, Grüne und Liberale, Menschen guten Willens in dieser deutschen Gesellschaft, vom Fusel der Wachstumsreligion verseucht. Wer denkt daran, dass da überhaupt menschliche Hybris am Werk sein könnte, wenn jetzt die nächste Steigerung ihre Runden am Himmel zieht, nämlich der Airbus A 380, der bis zu 840 Passagiere an Bord haben kann? Wer überlegt sich, welche Tragödie es bedeutet, wenn ein solcher Airbus in Flammen aufgehen und die Welt sich in Trauer über 840 Menschen ergehen würde? Wer will das verantworten?

Hybris? Ja, wir unterliegen solcher Hybris in unserem Wirtschaften und in unserem Alltagsleben – alle, nicht nur die Politiker. Wir wollen weiter unser Auto haben, wir wracken das alte ab und »holen« uns mit köstlicher Subvention des Staates ein neues. Dann kommt Monate später die Bundeskanzlerin und sagt uns: Eigentlich solltet ihr jetzt alle ein Elektroauto kaufen, denn das ist gut fürs Klima.

Alles Hybris.

Aber ich sollte nicht »die Politiker« sagen. Einmal ist das eine Sünde wider den Heiligen Geist, denn man sollte dem Heiligen Geist immer zutrauen, dass er Menschen in ihren festgefahrenen Einstellungen zu ändern vermag. Zum anderen gibt es den Bremer Senator für Umwelt, Bau, Verkehr und Europa, Reinhard Loske, der in dem kleinsten, aber immer experimentierfreudigen Bundesland und Stadtstaat Bremen dafür sorgt, dass sich dort etwas tut. Seit 2007 ist er Senator, und er ist kein Spinner. Er nimmt allerdings die dringlichen Notwendigkeiten eines Umdenkens und Umschaltens für die Natur, die Umwelt und das Klima einfach ernst. Loske propagiert im Großen den Abschied vom Wachstum an sich. »Immer mehr, immer schneller, immer weiter so« funktioniere nicht mehr. Es mache die Umwelt kaputt und zerstöre unsere Ressourcen. Ich erfuhr von diesem Senator durch ein sehr sympathisches Porträt, das Petra Pinzler, Redakteurin der »Zeit«, in dieser ja nicht gerade linken und ökologisch aufmüpfigen Hamburger Wochenzeitung veröffentlichte (30. Dezember 2010, Untertitel: »Der grüne Umwelt- und Verkehrssenator will in Bremen den Wachstumswahnsinn stoppen«). Er musste aber erst in die Provinz, die gescholtene, zurückkehren, um das zu fördern, was ihm in Berlin weniger gut möglich war. Zuvor war er grüner Bundestagsabgeordneter gewesen und hatte in der Zeit der rot-grünen Koalition an vielen Gesetzen mitgeschrieben. Aber er war nicht einverstanden mit der bequemen Politik, der zufolge nur durch grünes Wachstum, aber eben doch Wachstum, die Welt in Ordnung komme. Und viele seiner Parteifreunde hatten ein Trauma, das sie bis heute verfolgt, seit sie einst fünf Mark für einen Liter Benzin gefordert hatten.

Loske will versuchen, altes Baugut nicht abzureißen, sondern zu nutzen. Das ist nicht neu, aber er bindet es in eine neue Politik ein. Am Hafen in Bremen liegt bei den Hallen das alte Zollamt, ein Riesenbau mit einer überdachten Rampe. Hier wurde früher der internationale Handel abgewickelt. Heute, so berichtet die Journalistin Pinzler, wirken dort drei junge Männer in Cordhosen und dicken Pullis. »ZZZ« heißen sie oder nennen sie sich: »ZwischenZeitZentrale« – ZZZ vermittelt im Auftrag der Stadt Bremen Räume und Flächen. »Dabei geht es nicht um Rendite, die Architekten sollen eher dafür sorgen, dass Leben in die Stadt kommt. Sie vermieten nur kurzfristig« – an Künstler, Initiativen und Projekte, helfen sogar beim Suchen von Geldgebern. Eines der Projekte ist die »Plantage 9«, eine alte Brandschutzfirma mit dreißig Untermietern. Dazu gehören eine Fahrradwerkstatt und ein Cateringservice für Veganer. Ein altes Haus wurde für eine Ausstellung und eine Fläche für Kunstevents und Partys vermietet. Loske sagt: »Wir wollen in Bremen Raum für kreative Menschen – egal, ob daraus ein Geschäft wird.«

Loske findet Verbündete, es gibt in der Bevölkerung und auch bei Unternehmern vielleicht mehr davon, als wir ahnen. Man muss nur in der Führung, also bei den Senatoren einer Stadt oder bei Landespolitikern, einen avantgardistischen Vorlauf haben. So hat sich Thomas Beyer, Chef der Firma »Meereskost«, in Bremerhaven gewinnen lassen: Er hat eine neue Verarbeitungshalle gebaut. Aber die ist ganz anders, als wir sonst großstädtische Architektur erleben. Das Bauwerk erzeugt sechzig Prozent der Energie für die Kühlhallen selbst. In allen Arbeitsräumen gibt es Tageslicht. In den Fischverarbeitungshallen ist Fußbodenheizung verlegt. Die Klimaanlage wird mit Wasser aus dem Boden betrieben. Folien auf den vielen Fenstern sorgen dafür, dass es überall hell ist. Beyer ist wirklich einer, der zu diesem Bremer Umweltsenator passt. Auch er will mehr Lebensqualität und – *horribile auditu* – nur begrenztes Wachstum! Er wird nicht mehr als fünfzig Leute anstellen. Bei mehr Angestellten würde ihm das Familiäre fehlen. »Es ist doch schöner, bei Tageslicht zu arbeiten und die anderen zu sehen.« Deswegen habe er überall Fenster eingebaut, auch wenn er das gar nicht musste.

Reinhard Loske hat als guter deutscher Politiker natürlich auch ein theoretisches Fundament, um nicht zu sagen: eine Philosophie. Für Loske gibt es eine »Effizienzstrategie« und eine »Suffizienzkultur«. Beides kommt zusammen: das sparsamere Umgehen mit den Ressourcen und Rohstoffen, aber auch eine andere Kultur. Die Bürger leben verunsichert. Einmal sollen sie, um die Umwelt zu schonen, dem Konsum entsagen. Zugleich aber signalisiert jeder neue Bahnhof, jeder Flughafen und jede Fußgängerzone: Die Bürger sollen kaufen, kaufen, kaufen. Nur wenn sie mehr kaufen, sind sie gute Bürger. »Auch die Politiker müssten sich ändern und die Kommerzialisierung des Lebens zurückdrängen.«

Dem Raubbau an Mutter Erde widerstehen!

Wir sollten weniger verbrauchen.
Wir sollten besser Urlaub machen zu Fuß und mit dem Fahrrad
und allenfalls mit der Eisenbahn.
Wir sollten ein Moratorium einlegen: in Deutschland ein Jahr gar nicht fliegen und außerhalb nur,
wenn es wirklich notwendig ist.

Die Explosion der Ölplattform im Golf von Lousiana, als deren Folge sämtliche Ufer von Louisiana, Florida und New Mexico mit Rohöl verseucht worden sind, wird noch immer nicht als Signal für die globale Welt begriffen, auf solche Formen der Ölgewinnung für unseren Reichtum zu verzichten. Politisch würde das heißen, Barack Obama hätte per Gesetz den Verzicht darauf verordnen müssen. Das wagte er aber nicht, denn das hätte Einbußen am American Way of Life bedeutet. Ich befürchte: Ehe wir zur Vernunft gebracht werden und zu einer solchen gesetzlichen Regelung kommen, müssen wir noch viel mehr solcher geborstener Ölplattformen und auf See auseinandergebrochener Öltanker erleben.

Angelika Zahrnt hat es auf dem Ökumenischen Kirchentag am 14. Mai 2010 deutlich genug gesagt: Ein Amerikaner verprasst pro Jahr 20 Tonnen CO_2, ein Europäer die Hälfte, also 10 Tonnen, die Chinesen holen schwer auf und verprassen pro Kopf schon 4 Tonnen jährlich, während die Inder erst bei einer Tonne sind.

Gebieterisch folgt daraus für uns Christen, Muslime, Juden, Buddhisten, Menschen guten Willens, denen die Schöpfung zum vernünftigen und pfleglichen Gebrauch anvertraut ist: Wir müssen unseren Lebensstil ändern.

Ich kämpfe mit meiner Frau darum, dass wir von meinem nächsten Geburtstag an, als Geburtstagsgeschenk, das Auto abschaffen; wir werden keinen Urlaub mehr mit dem Flugzeug beginnen und beenden. Wir werden unsere Erholung in Deutschland suchen, das unendlich schön ist und bis zu unserem Lebensende immer noch herrliche nicht entdeckte Flecken und Gebiete zur friedlichen Eroberung bereithält.

23. Mai 2010

Lektürehinweis

Reinhard Loske, Abschied vom Wachstumszwang. Konturen einer Politik der Mäßigung. Rangsdorf: Basilisken Presse, 2011.

Hermann Scheer, Der energethische Imperativ. 100 % jetzt. Wie der vollständige Wechsel zu erneuerbaren Energien zu realisieren ist, München 2010.

Brot für die Welt u. a., Zukunftsfähiges Deutschland in einer globalisierten Welt. Ein Anstoß zur gesellschaftlichen Debatte, Frankfurt/Main: Fischer Taschenbuchverlag, 2010.

Für Ferien vom Handy und vom Internet

Allein mit iPad, Internetspeicher, Handy werden wir nicht menschenwürdig leben. Es gibt da Enthusiasten, die ich nur von Ferne bewundern kann. Der Schriftsteller Ferdinand von Schirach hat im »Spiegel« die neue Allzweckwaffe für die Digitalisierung der Medien von der Firma Apple gelobt: »Es ist die Zukunft. Punkt. Es gibt darüber gar keine Diskussion.« Der Wettkampf der Profiteure hat erneut begonnen, und der Kunde weiß immer noch nicht, wie oft er noch betrogen werden soll. Etwa eine Million Mal wurde das ipad in den ersten vier Wochen nach dem Start des Verkaufes Anfang April 2010 in den USA verkauft. Wer sich in Deutschland ein iPad leisten will, muss dafür zwischen 499 Euro für ein WLAN-Modell mit 16 Gigabyte Speicherplatz und 814 Euro für ein UMTS-Modell mit 64 Gigabyte Speicherplatz ausgeben. Dazu kommen Kosten für die passende Online-Verbindung, die je nach Anbieter und Download-Volumen zwischen 10 und 30 Euro pro Monat liegen können.

Hat man je Goethe, Johann Wolfgang, oder Schiller, Friedrich, oder Hölderlin oder auch Grass, Günter, gefragt, ob sie diese Prosa verstehen? Und ob sie der Meinung sind, dass wir da auf dem richtigen Wege sind?

Alles wird gespeichert, alles wird uns abgenommen. Wir müssen uns nicht mehr die Mühe machen, den Weg zu einem Bekannten oder zu einem Treffpunkt in der Nachbarschaft zu erlernen, zu memorieren und dann auswendig zu kennen. Wir haben ein Gerät im Auto, das uns das eigene Gedächtnis erspart: »Bleiben Sie auf der Autobahn!«, flötet eine Frauenstimme betörend. Das Navigationsgerät, das »Navi«, ersetzt unsere Fähigkeit, uns etwas zu merken, uns an etwas zu erinnern.

Für mich steht fest: Etwas so Altmodisches wie große Literatur kann so nicht mehr entstehen. Deshalb hängen wir ja so an diesen Poeten, die noch mit Sprache umgehen konnten. Und zwar mit unserer Sprache.

Wir haben einmal Günter Grass in Berenburg (in der Nähe von Lübeck und Rastenburg) besucht, in dem kleinen Ort, zu dem man mit der Eisenbahn nur über Ratzeburg oder Lübeck und dann mit dem teuren Taxi kommt. In dem neben seinem Wohnhaus gelegenen schönen alten Bauernhaus, in dem er arbeitet, gibt es – Skandal für uns Moderne – weder ein Telefon noch einen Internetanschluss noch ein Faxgerät noch einen Computer noch ein Mobiltelefon. Davon ist der Meister frei. Er verzichtet für die Zeit, in der er sich dort befindet, um zu arbeiten, auf all das, was wir für überlebensnotwendig halten und womit schon die jüngsten Kinder ausgerüstet werden.

Ich bin sicher, dass große Literatur, große Sprachkunstwerke, wie sie Günter Grass geschrieben hat, oder wunderbare Gedichte, wie sie sich Reiner Kunze immer wieder abringt, nur unter den Voraussetzungen der Stille möglich sind: Kein Handy klingelt in der Umgebung, du bist nicht versucht, schnell noch mal im Laptop nachzusehen, welche E-Mails du abrufen kannst und beantworten musst, du bist nicht mehr erreichbar, schlicht: Es herrscht Schweigen. Wo es kein Schweigen mehr gibt, gibt es keine große Literatur, gibt es keine Gebete, gibt es keine Beziehung zu Gott (auch nicht zum iGott) und zu den Mitmenschen. Was wir leben, ist ein Ersatzleben. Auf Reisen im Zug muss ich mir ständig anhören, was Menschen vor oder neben mir mit ihren Angehörigen an Privatestem bereden.

Seit Estland und dann 2008 auch Georgien einmal von staatlich beauftragten Hackern in ihrem Innersten lahmgelegt wurden, glaube ich nicht mehr an die großartige Zukunft der Totaldigitalisierung der Welt und der Regierungs- und Wirtschaftsgeschäfte. Die Terrorwelle will ich mir gar nicht vorstellen, die uns an einem Morgen sämtliche Flughäfen in Deutschland oder Mitteleuropa lahmlegt.

Es ist eine Empfehlung zur geistigen und sozialen Gesundheit, dass wir uns nicht total auf das Internet und das Handy verlassen. Von Zeit zu Zeit ist es gut, wieder einmal Briefe mit der Hand oder der Schreibmaschine zu schreiben.

Die Olivetti sollten Sie, lieber Leser, verehrte Mitbürgerin, nicht gleich zum Sperrmüll geben. Die kann Ihnen noch einmal sehr gute Dienste leisten.

23. Mai 2010

Die Heimat für die nächsten Generationen erhalten

Die Schlacht ist also geschlagen: die erste Schlacht um unsere bedrohte Schöpfung. Denn darum war es auch gegangen in Stuttgart. Die Stadt war ja von einer ganz neuen Form der Demonstration erfüllt. Alte und Junge, Schüler, Studenten und Lehrlinge, Pensionierte und Rentner, Arbeitnehmer und Arbeitgeber waren da zusammen, um gegen etwas zu protestieren, wovon ihnen vielleicht am Anfang gar nicht so klar war, wogegen es denn gehen sollte. Es war aber ganz sicher, dass alle die, die da auf der Straße waren, die »Grenzen des Wachstums« beschworen und beschwören wollten – diesen Warnruf des Club of Rome, der uns seit 1972 immer wieder erreicht.

Es ging nicht nur um die technischen Fragen, ob der Bau eine Verbesserung gegenüber dem alten darstellen würde, sondern auch darum, ob wir das, was wir schon lange wissen, nicht durch eigene Anstrengungen sichern müssen.

Wie kann man das globalpolitisch ausdrücken? Es geht dabei ja um den ökologischen Fußabdruck, den »ecological footprint«. Sein Maß ermitteln mittlerweile die Vereinten Nationen. Das Maß sagt uns, wie viel Prozent der biologisch produktiven Fläche – zum Beispiel Deutschlands oder Europas – nötig wären, um den Lebensstandard Europas ausschließlich aus dieser Fläche zu decken. Der Footprint betrifft und umfasst alles, was wir essen und trinken, umfasst alle Energie, die verbraucht wird, aber auch die biologische Bindung aller Emissionen, die wir durch Pflanzen erzeugen, die auf dieser Fläche wachsen.

Dann kommen wir für Europa auf den Faktor drei. Das heißt, wenn unsere Bedingungen überall auf dem Globus gelten würden, bräuchten wir die zur Verfügung stehenden Ressourcen des Globus dreimal. Wären die USA das globale Muster, bräuchten wir sie fünfmal.

Es wird oft von Entschleunigung gesprochen. Es muss doch nicht so sein, dass die Flugzeuge der nächsten Generation 600 Passagiere und mehr fassen, dass die nächsten Hochgeschwindigkeits-ICE eine Geschwindigkeit von 400 Kilometern pro Stunde leisten. Es reicht das Maß, das wir erreicht haben. Und es muss auch nicht sein, dass wir uns so viel an Lebenszeit stehlen, um eine ausgesucht ehrgeizige Landeshauptstadt wegen der diversen Untertunnelungsarbeiten für fünf bis zehn Jahre lahmzulegen und ihr für diese Zeit ihren Reiz zu nehmen.

Es ging auch um diese Fragen bei den Stuttgarter Demonstrationen. Und es geht noch immer darum. Der Schiedsspruch Heiner Geißlers hat deshalb ein wenig zu kurz gegriffen. Es ging ja nicht mehr einfach um Kopfbahnhof oben oder S 21 unten, sondern um unsere kollektive und individuelle Haltung zu Wachstum und zu dem pfleglichen Umgang mit der uns geschenkten Schöpfung.

Dass das alles seit zwanzig Jahren vorbereitet war, sagt nichts gegen den neuen Ansporn der Demonstranten.

Am 2. Februar 2010 lässt die Deutsche Bahn (DB) ein Plakat auf den Gleisen ausrollen mit der Schrift »Auf die Gleise – fertig – los«. Dagegen demonstrierten damals einige Hundert in Stuttgart. Aber das war zugleich der Beginn der Montagsdemonstrationen. Im August 2010 graben Bagger den Nordflügel des alten Kopfbahnhofs an. Die Zahl der Demonstranten geht in die Zehntausende. Umfragen prognostizieren der in Baden-Württemberg regierenden CDU einen Machtverlust für die Wahl 2011. Im September 2010 erkennt der neue Ministerpräsident Mappus den Ernst der Lage und bittet Heiner Geißler, sich als Schlichter zur Verfügung zu stellen. Geißler spricht nach sechs Wochen und neun Gesprächsrunden seinen Schlichterspruch.

Wenn auch der Widerstand jetzt nicht den vollen Erfolg hatte, er wird in der Geschichte der Deutschen eine erste große Widerstandsbewegung gegen die Hybris sein, mit der immer wieder neu Megastädte unter-tunnelt oder über-brückt werden und wir uns besinnungslos mit immer größeren Ausgaben und Aufgaben die Zukunft verbauen.

In Stuttgart und in Garmisch-Partenkirchen gehen 2010 die Menschen auf die Barrikaden. Sie wehren sich gegen kapitalistische Expansionen auf Kosten ihrer Lebensweise und der Natur. Der Widerstand gegen den unterirdischen Groß-Bahnhof könnte sich als ein Fanal vielleicht sogar für Widerstand und eine richtige, breite Demokratiebewegung erweisen.

Die Planer für die Bewerbung der Winter-Olympiade 2018 haben für den Skilanglauf und den Biathlon-Wettbewerb die sonnige Romanshöhe oberhalb von Oberammergau ausersehen. Aber die Rechnung ohne den Wirt, nämlich die einheimische Bevölkerung gemacht. Der 83-jährige Bauer Ignaz Streitel erzählt etwas über die Romanshöhe, was auch viel über die Aussichten für die Olympischen Spiele 2018 verrät: »Als ich ein junger Bäckerlehrling im Ammergau war und wenn ich mal mit einem Mädel ungestört sein wollte, musste man in die Natur. Man hatte ja keine Wohnung und schon gar kein Auto. Dann gingen wir immer auf die Romanshöhe. Wir nannten sie die Sechste-Gebots-Höhe. Denn dort war der Schnee immer zuerst weggeschmolzen.«

Diesen Plan mit Oberammergau haben die Planer inzwischen verworfen. Nicht wegen der schlechten Lage, sondern wegen der miesen Stimmung. Als sich in Oberammergau – immerhin einem Ort, der mit seinen alle zehn Jahre stattfindenden Passionsspielen sehr gut ökonomisch zu kalkulieren weiß – ein Bürgerbegehren gegen Olympia 2018 anbahnte, verlegten die Planer die geplanten nordischen Skiwettbewerbe gleich auf das Gestüt Schwaiganger. Dieses habe den großen Vorteil, hieß es, dass es im Besitz des Freistaates Bayern sei und es dort keine aufmüpfigen Bewohner gebe. Dafür ist die Schneelage aber verdrießlicher: Seit dreißig Jahren, sagen die Leute, habe man niemals wieder einen Skilangläufer dort gesehen.

Josef Glatz ist der Vorsitzende der Garmischer Weidegenossenschaft, deren Mitglieder sich weigern, ihre Flächen für Olympia herzugeben. Glatz erklärt spöttisch: »Wenn es auf dem Schwaiganger nicht klappt, gehen sie vielleicht in den (Münchener) Englischen Garten.«

Die Olympiaplaner haben die Rechnung ohne den Wirt gemacht. Die Bevölkerung, die immer für doof gehalten wird, ist in Bezug auf Naturschonung und Ökologie oft klüger als die Politik, die sich immer noch in Wachstumsorgien ergeht. Diese Bevölkerung wäre auch bereit, mehr Opfer dafür zu bringen, wenn man es ihr nahebringen würde.

Am 29. Juli 2010 wurde der zweite neue Superflieger der Lufthansa, ein Airbus A 380, auf den Namen »München« getauft. Zur Feier des Tages und mit der gewohnten Instinktlosigkeit großer Politik und großer Industrie-Werbung ließ die Fluggesellschaft, die natürlich von der Olympiade einen großen Reibach erwartet und deshalb Sponsor der Olympiawerbung ist, den Riesenflieger gleich eine Runde über den geplanten Olympiastätten am Alpenrand fliegen.

Als ich anfing, dieses Kapitel zu schreiben, waren viele der Meinung, dass in Stuttgart nur fortschrittsfeindliche Ewiggestrige ihre »schwäb'sche Eisebahn« weiter durch die Täler bimmeln lassen wollten. Dass sich hinter diesem Widerstand sehr viel mehr bündelt und artikuliert, wurde mir dann in der Folgezeit durch die Anwesenheit von Boris Palmer, dem OB von Tübingen, und vor allem durch die Anwesenheit von Heiner Geißler deutlich. Geißler wurde in der Folge der turbulenten Ereignisse um das Abholzen von 16 Bäumen im Stuttgarter Schlossgarten und den martialischen Polizeieinsatz gegen zumeist friedlich demonstrierende Bürger einhellig von der einen Seite (der Landesregierung Baden-Württemberg) wie der anderen Seite (der noch sehr diffusen Demonstrationsbewegung) gebeten zu vermitteln.

In Stuttgart demonstrierten die Bewohner nicht nur zu Hunderten, sondern zu Tausenden und seit Oktober sogar zu Zehntausenden gegen die Planung und Durchführung eines milliardenschweren Unternehmens, des neuen Stuttgarter Hauptbahnhofs. Milliarden – nach der Planung, die ja nach Jahren manchmal anders aussieht, heißt das: 4,1 Milliarden Euro – kostet Stuttgarts Tiefbahnhof plus. Davon würde die Deutsche Bahn 1,47 Milliarden Euro tragen (die Deutsche Bahn, früher beliebtestes Unternehmen der Deutschen, die sich heute nur noch mittels Bitten um Entschuldigung und Bitten um Verständnis für Verspätungen und Zugausfälle jeden Tag neu über die Runde retten kann). Der Bund zahlt 1,23 Milliarden, das Land Baden-Württemberg 0,82 Milliarden und die Stadt Stuttgart »nur« 0,24 Milliarden; die restlichen Kosten übernehmen der Flughafen und der Verband Region Stuttgart. Auf dieser Milchmädchenrechnung – den Stuttgartern zu sagen, dass sie fast nichts zahlen – beruht der Verfügungsvorschlag der Stadt Stuttgart und ihres CDU-Oberbürgermeisters Wolfgang Schuster.

Dass Menschen aber in einer Zeit, wo uns alle inneren und äußeren Trompeten zu einem bescheideneren Umgang mit unseren Ressourcen, mit der Natur, aber auch mit der uns bisher bekannten Lebensumwelt auffordern, sich gegen die Prognose von größeren pekuniären Gewinnen zu wehren beginnen, hat sich keiner so vorgestellt.

Hinzu kommt: Das Volk ist *nicht* tümlich. Es ist klüger als die Spitzen der Wirtschaft, die zugunsten neuen Wachstums und in diesem Fall neuer Luxuswohnanlagen am liebsten wieder den Kern einer deutschen Großstadt plattmachen. Man darf bei einem Großteil der Bevölkerung sogar ästhetische, städtebauliche Vorlieben und Anschauungen voraussetzen. So will man nicht – und schon gar nicht nach dem Zusammenbruch des Kölner Stadtarchivs in der Nähe des Rheins – die ganze Stadt während einer Lebenszeit von fünf bis zehn Jahren untergraben lassen. Das Projekt »Stuttgart 21« sieht einen unterirdischen Bahnhof und eine ganz neue Trassenführung vor. Tausende Menschen gingen im Oktober und November 2010 täglich auf die Straße, um gegen »Stuttgart 21« zu demonstrieren. Sie wollten nicht, dass die beiden Seitenflügel des von Paul Bonatz in den 1920er-Jahren gebauten, denkmalgeschützten Bahnhofs abgerissen würden. Sie wollten nicht, dass die jetzt von Norden einlaufenden Gleise um

90 Grad gedreht werden und dann von Westen nach Osten verlaufen. Sie wollten nicht in die Gigantomanie einstimmen, dass es jetzt eine Eisenbahntrasse von Paris über Stuttgart nach Bratislava und weiter nach Budapest geben solle. Wofür auch?

Sie wollten auch nicht über die nächsten zehn Jahre eine Veränderung ihres städtischen Lebens und eine Lärm- und Bau- und Umleitungsbehinderung, nur weil man dann »demnächst«, eben nach zehn Jahren – wenn der Autor dieser Zeilen und mancher Stuttgarter Demonstrant vielleicht gar nicht mehr lebt –, für die Strecke von Stuttgart nach Ulm nur noch 28 Minuten statt bisher 54 Minuten brauchen wird, vom Hauptbahnhof zum Flughafen statt der jetzt benötigten 27 Minuten nur 8 Minuten und nach München eine halbe Stunde weniger als bisher. Wir älteren Menschen werden viel zu viel Zeit zum Totschlagen, zum Herumbringen und Wegaktivieren haben, sodass uns Beschleunigungen der Verkehrsmittel eher nicht recht sein dürften. Und die Hälfte der Deutschen wird in Zukunft alt und älter sein!

Mittlerweile sind Bäume gefällt worden, hat die Polizei den Bürgern noch einmal die Zähne gezeigt, um ihnen zu sagen, dass Verträge erfüllt und unterirdische Baumaßnahmen durchgesetzt werden müssen.

Also, wir Bürger trauen dem allem nicht. Wir leben in Mitteleuropa nicht mehr in einer dynamisch wachsenden Region. Wir sind eine schrumpfende Gesellschaft. Wir haben mehr Hunde als Kinder. Wir werden ständig älter. Und die ältere Generation kann das ständige Wechseln nicht brauchen.

Außerdem wissen die Gutachter von Stuttgart, dass die prognostizierten Kosten schnell auf 6,7 bis 8,7 Milliarden steigen können. Stuttgart 21 soll die Stadt nicht nur an die Achse Paris–Wien–Bratislava–Budapest anbinden, sondern auch ans 21. Jahrhundert. So schreiben es Lena Bopp und Edo Reents am 31. Juli 2010 in der FAZ. »Es wäre das ehrgeizigste, komplizierteste, teuerste Bauvorhaben im ganzen Land.«

Die Gegner haben natürlich verschiedene Motive. Nicht das Geringste aber wird die Abkehr von der Hybris sein, in der wir uns ohne jede Rücksicht auf eine natürliche Bekömmlichkeit und naturgemäße Ökologie bewegen.

Wir wissen doch gut genug, dass wir nicht mehr so weitermachen dürfen, dass die Weltmeere verschmutzen, dass der Ascheregen eines isländischen Vulkans den Flugverkehr lahmlegt, dass wegen einer Zeitersparnis von sieben Minuten in den komplizierten Eingeweiden von Köln eine Untergrundbahn gebaut werden muss und wir dann erleben, dass dabei nicht nur das Archivgebäude einstürzt, sondern Teile eines großen literarischen Erbes vernichtet werden und die Erde, auf der wir gehen, nicht mehr sicher ist.

Wir müssen weniger ausgeben an Treibstoff. Wir müssen sparen.

Dem steht dieses ehrgeizigste und teuerste Bauunternehmen von Stuttgart stracks entgegen.

Ich schrieb an eine unserer süddeutschen Bekannten, sie solle mir doch einmal den Stuttgarter »Hessischen Landboten« schicken, weil ich überzeugt war, dass die Schwaben und Badener diesen Protest gründlicher betreiben. Und siehe da, ich bekomme die Nummer 1 der Zeitung »einundzwanzig, Nachrichten für Stuttgart, die Region und Baden Württemberg« (September 2010). Es ist eine sehr sachkundige Redaktion, die da eine richtige Zeitung macht. Im Beitrag »Gefällt und gehäckselt. Schicksalstage eines Parkbaums« heißt es auf der ersten Seite:

»Ein 200-jähriger Baum, wie er im Stuttgarter Schlossgarten steht, ist etwa 20 Meter hoch und hat einen Kronendurchmesser von ca. 12 Metern. Je älter, desto ausladender die Äste und dichter die Krone. An einem Sonnentag verarbeitet dieser Baum 18 Kilogramm klimaschädliches Kohlendioxid (CO_2). Dabei werden 13 Kilogramm Sauerstoff gebildet (O_2). Diese decken den Bedarf von zehn Menschen [...]

Im Jahr bindet ein Großbaum bis zu 1000 kg Staub und verdunstet ca. 20 000 Liter Wasser. Durch die Verdunstung wird die Umgebung im Sommer gekühlt und das Stadtklima entsprechend reguliert. Daneben wird die Bodenerosion durch den alten Baumbestand reduziert. Die umfangreichen, dichten Kronen der Großbäume bieten guten Sicht-, Lärm und Windschutz. Um das Kronenvolumen, den Gasumsatz und die Filterfunktion eines einzigen Großbaums zu ersetzen, wären 2000 junge Bäume notwendig!«

Das Volk weiß besser als seine Politiker, was es will: 283 Bäume sind im Schlossgarten gefällt worden, das ist für uns Gemüter des 21. Jahrhunderts nicht gut. Für diese Bäume soll es Ersatz geben, heißt es aus dem Büro der Planer für Stuttgart 21. Aber wir von heute wollen keinen Ersatz für die Bäume, wir wollen die Erhaltung der Bäume und der städtischen Umwelt.

Deutschland wird demnächst – sagt die Literaturexpertin Hannelore Schlaffer – wieder eine geteilte Stadt haben: Stuttgart. Und die Menschen sind sauer, weil sie zu spät demonstrieren. Sie können das Projekt wahrscheinlich nicht mehr aufhalten, obwohl es unsinnig ist.

Zweimal also, in Stuttgart und in Garmisch-Partenkirchen, werden Megaprojekte infolge ihrer Hybris von einem großen, wenn nicht dem größeren Teil der Bevölkerung bestritten und angezweifelt. Es kommt Bewegung in unser Volk. Die 68er Zeit ist vorbei, und auf die wenigen Kinder und Studenten kann man sich politisch nicht mehr verlassen. Das Volk, auch das alte Volk, muss jetzt seinen Willen kundtun: am besten auf der Straße.

Chronologie eines Mega-Projektes zum Schaden der Natur und alter Lebensformen

Das Megaprojekt Stuttgart 21 wurde 1988 zum ersten Mal angedacht und aufgezeichnet. Gerhard Heimerl gab den Startschuss für die Idee eines Durchgangsbahnhofs.

1994 wurde die Idee des Projekts »Stuttgart 21« von Oberbürgermeister Manfred Rommel, Bundesverkehrsminister Matthias Wissmann, DB-Chef Heinz Dürr und dem damaligen Ministerpräsidenten Teufel vorgestellt.

1997: Das Büro Ingenhoven, Overdiek und Partner gewinnt den Architektenwettbewerb.

1999: Der neue DB-Chef Johannes Ludewig verhängt einen Planungsstopp, den sein Nachfolger Hartmut Mehdorn wieder aufhebt.

2001: Die Deutsche Bahn AG, die Bundesregierung und das Land Baden-Württemberg sowie die Stadt Stuttgart verständigen sich über die Vorfinanzierung.

2005: Die Baugenehmigung für den Tiefbahnhof wird erteilt. Die Gegner haben zu klagen versucht, sind aber vor Gericht gescheitert.

2009: Die Finanzierungsverträge werden unterschrieben.

Mittlerweile ist ja nun einiges in Bewegung gekommen, die Proteste, die anfangs nur Hunderte auf die Straßen brachten, sehen Zehntausende von Teilnehmern. Am 30. September griffen Wasserwerfer und Knüppel der Polizei in Stuttgart friedliche Demonstranten an, die nichts anderes taten, als gegen die Baupläne der Deutschen Bahn in Stuttgart zu protestieren.

Die völlig unverhältnismäßige Gewalt gegen Demonstranten an diesem Tag hat bei einem Teil der Stuttgarter Bevölkerung zu sehr viel mehr Sympathie für die Bewegung geführt. Eine Bürgerinitiative »K 21« (K für Kopfbahnhof) hat schon vor Jahren eine Lösung ausgearbeitet und vorgeschlagen, nach der auch ohne Untertunnelung und Tieferlegung große Teile der Gleisanlagen frei werden könnten. Der Plan für Stuttgart 21 ist, wie ich dem Artikel von Ramon Brüll in »info 3« entnehme, zu einer Zeit entstanden, in der die Bahn noch nicht in der Lage war, durch die Konstruktion von beidseitig führbaren Zügen auf den umständlichen Lokwechsel zu verzichten. Es hatte auch den Alternativplan gegeben, den Bahnhof Stuttgart-Bad Cannstatt zum großen Durchgangsbahnhof für Stuttgart zu machen und den alten Bahnhof nur noch für den Orts- und Regionalverkehr einzusetzen.

Die Bahn hat keinen Kampf gegen das Flugzeug zu führen. Der Hauptkonkurrent sind 42 Millionen Automobile in Deutschland, die alle ohne einen Fahrplan auskommen.

Ramon Brüll verweist in seinem Artikel auch darauf, dass die Strecke von Moskau nach St. Petersburg schnurgerade und ohne jede Kurve angelegt wurde. Der Zar wurde damals nach der Strecke des neuen Zuges gefragt. Er griff sich ein Lineal und führte einen geraden Strich von der einen zur anderen russischen Metropole. Leider führte dieser Linealzug auch durch eine Moorlandschaft. Der Bau dieser Durchfahrtstrecke kostete unzählige Menschenleben. Niemand wagte zu widersprechen.

Gilt das heute weiter?

Nun steigerten sich die Proteste bis zu einer siedend heißen Phase, in der sogar die Landesregierung bereit war, einen Schlichter und Vermittler zuzulassen und nach Stuttgart einzuladen. Heiner Geißler hat das Amt angenommen, obwohl den Beobachtern klar war, dass er an den einmal abgenickten Bauplänen kaum etwas würde ändern können. Aber er macht den Menschen Mut. Und das war das Wichtige.

Wird die Olympiade 2018 nicht nach Garmisch kommen, weil das Volk es so will?

Die handfesten kapitalistischen Argumente für ein solches Mega-Event sind immer gleich: Der Fremdenverkehr werde angekurbelt. Die Ausstrahlung und der Bekanntheitsgrad von Deutschland, München, Garmisch würden immer größer. Es gebe mehr Mittel für die Verkehrsinfrastruktur. Man habe schon die meisten Sportanlagen in der Region.

Aber überzeugender für die dörflich-bäuerliche Welt sind andere Gründe, Anti-Gründe: die finanziellen Folgelasten, unter denen viele Olympiastädte leiden. Die ökologischen Risiken. Die Verdichtung der Weideflächen durch temporäre Bebauung. Auch sei die positive Wirkung auf den Tourismus eher zu bezweifeln. Der Ort Garmisch lebt ohnehin zu 65 Prozent vom Sommertourismus. Der Wintertourismus habe in Zeiten des Klimawandels keine sichere Zukunft.

Ignaz Streitel sagt in seiner Garmischer Pension: »Zwei Jahre Olympia-Großbaustelle, da bleiben die [Touristen] weg« (zitiert nach der FAZ vom 31. Juli 2010). Die wenigsten Gäste seien 1937 gekommen, erzählt der 83-jährige Gastwirt: Vor der Olympia-Eröffnungsfeier hatte es geregnet, und es lag kein Schnee. Da kam Hitler und mit ihm der Schnee. Und die Leute sagten: »Seht mal, sogar Schnee kann er machen.« Heute brauche man dazu Hubschrauber, wie beim Weltcup 2007, als der Schnee vom Brenner auf die grünen Garmischer Hänge gebracht werden musste. Aber schon Hitler habe den bäuerlichen Widerstand gespürt. Ein Bauer, dessen Hof er angeblich privat erwerben wollte, habe den Verkauf verweigert.

Die Bayerische Staatsregierung ist natürlich besorgt. Und verspricht den renitenten Bauern ein Olympia-Gesetz. Es soll Sicherheiten bieten. Streitel meint in seiner Pension: Würden Geld und Sicherheiten versprochen, fielen einige vom Widerstand ab. Er aber nicht. Er will seine 3000 Quadratmeter nicht hergeben. Er sei alt. Er brauche nichts mehr. »Ich will, dass unsere Heimat für die Jungen, für die nächsten Generationen erhalten bleibt.« Er nennt sich einen »Fundamentalgegner der Spiele«. So etwas brauchen wir wieder, hoffentlich irgendwann auch wieder in der angepassten jüngeren Generation!

Man muss aber daraus wiederum keine dogmatische Regel machen. Für ganz junge Nationen sind Ereignisse wie Olympiaden und Weltmeisterschaften ein Forum zur eigenen Identitätsfindung. Als Südafrika 1995 die erste Rugby-Weltmeisterschaft der Post-Apartheid-Zeit veranstalten durfte und schließlich Nelson Mandela der Mannschaft der Springboks im Stadion in Johannisburg den Cup überreichte, gab es für die fast nur aus Weißen bestehende Mannschaft einen Sturm der nationalen Begeisterung, der das ganze Land erfasste.

Ähnlich war es jetzt mit der erfolgreichen Ausrichtung der Fußball-Weltmeisterschaft in verschiedenen Stadien in der Republik Südafrika. »Nkosi Sikelele Afrika« – dieses wunderbare Lied hat dieses Land in vier verschiedenen Sprachen als seine Hymne. Der Widerstand der Schwarzen und der Bevölkerung in Südafrika steht gegen den Kleinmut und die Zögerlichkeit. Sie müssen sich wie Barack Obama sagen: »Yes we can.«

Wir aber in Europa müssen mit dem Unfug aufhören, dass wir die Erde weiter ruinieren. »Illum oportet crescere, me autem minui.« So heißt es im lateinischen Text des Evangeliums. Gott und die Natur müssen wachsen, wir sind dazu bestimmt, aufzuhören.

Daran sollten wir uns halten.

10. Dezember 2010

Lektürehinweis

Meinhard Miegel, Exit. Wohlstand ohne Wachstum, Berlin: Propyläen, 2010.

Jean Ziegler, Das Imperium der Schande. Der Kampf gegen Armut und Unterdrückung, München: Bertelsmann, 2005.

Gegen Werbung

Ich weiß nicht, ob auch Sie im Zusammenhang mit Werbung ganz spontan das Wort »Schwachsinn« ausstoßen. Es gibt nichts, was den Kapitalismus und die freie Marktwirtschaft so diskreditiert wie die sinnlose, verblödende, ruchlose Werbung.

Wenn man am frühen Abend Fernsehen schaut, das angeblich immer noch das durch unsere Gebühren finanzierte ist, kann man nicht umhin, zwischen zwei Sendungen der angeblich werbefreien Abendprogramme die verkappten Werbespots oder sogenannte »Trailer« anzusehen.

Um 12,5 Prozent sollen die Unternehmen im ersten Quartal 2010 ihre Werbeausgaben gesteigert haben. Das jedenfalls versichert uns ein Marktforschungsinstitut nach seiner jüngsten Auswertung. Der Werbemarkt werde im Gesamtjahr um 3,5 Prozent zulegen. Das Wachstum finde vor allem in den Schwellenländern statt. Für Nordamerika, den größten Werbemarkt der Welt, rechnet man nur mit 1,3 Prozent Steigerung, für Westeuropa sind es schon 2,2 Prozent.

Dabei würde ich allerdings – Widerstand ist angesagt – darauf bestehen, dass das Fernsehen, das wir Bürger mit unseren Gebühren bezahlen, die ja jetzt noch zu einer regelrechten Steuer werden sollen, ein anderes Fernsehen sein soll als das, das mit Werbung bezahlt wird und auf reine Profitraten ausgerichtet ist.

Der langjährige Produzent bei der ARD, Georg Feil, hat sich jüngst (in der »Funkkorrespondenz« vom 30. Juli 2010) klar dazu geäußert: »Soll die Fernsehproduktion immer sinnloser, damit meine ich ›sinnleerer‹, weitergehen?« Oder könnte es auch wieder aufwärts gehen? Fragt er. Und weiter: »Werden die, die investieren können, die, die die großen Senderapparate verantworten, eines Tages aufhören, sich immer nur hinter dem Geld zu verstecken?« Das klingt, wie man zugeben wird, fast apokalyptisch-theologisch: »eines Tages«. Die öffentlich-rechtlichen Rundfunkgebühren, so fügt Feil hinzu, würden ja nicht aus wirtschaftlichen Gründen eingezogen, um damit Geld zu vermehren. Das muss man einer heute heranwachsenden Generation erst noch erklären! »Sondern ursprünglich« – zu Beginn der Geschichte der Bundesrepublik unter Konrad Adenauer –, »damit etwas anderes entsteht als das, was in überwiegender Form produziert wird.« Das heißt: Das gebührenfinanzierte Fernsehen sollte eigentlich anders – und besser – sein als das Fernsehen, wie es heute tatsächlich ist. Dabei wolle er, so Feil, nicht die herausragenden und ermutigenden Produktionen verschweigen, die in *diesem* Fernsehen entstanden seien und für *jenes* Ideal stünden.

Uns bleibt nichts anderes, als manchmal ganz hemmungslos und voller Bewunderung zu sein, wenn wir ein Fernsehspiel aus den 1970er-Jahren sehen, aus der Schule von Egon Monk oder Peter Beauvais, etwas so Vorzügliches wie »Shirins Hochzeit« (Regie: Helma Sanders-Brahms) oder »Im Reservat« oder Dokumentationen über politische Inhalte, ganze Serien, die ganze Stuttgarter Schule um Dieter Ertel und Elmar Hügler, Dokumentarfilme, die die Republik umwälzten und tagelang, wenn nicht monatelang für Gesprächsstoff sorgten: Klaus Wildenhahn und Gisela Tuchtenhagen mit »Emden geht nach USA« oder »Rote Fahnen sieht man besser« (Regie: Rolf Schübel). Wenn man sich allein noch einmal die volkshochschulähnliche Anstrengung ansieht, die ein Programmdirektor wie Werner Höfer sich leistete – Sonntag für Sonntag eine politische Fortbildung mit Journalisten, Schriftstellern, Intellektuellen in der geschlossenen Zeit nach den Frühmessen und Hochämtern in katholischen Kathedralen –, dann wird man verstehen, was Georg Feil meint, wenn er in dem zitierten Interview erklärt, es sei ihm »einfach traurig ums Herz«.

»The Digital Bomb«, die internationale Werbung

»Print ist wie Rotwein, Fernsehen wie Wodka, und Internet ist wie Crack«, heißt es in dem Dokumentarfilm »The Digital Bomb« von Hermann Vaske, der selbst einmal Werbefilmer für die Agentur Saatchi & Saatchi gewesen ist. Das Verlangen nach Wodka und Crack nimmt zu. Die Ausgaben für Fernsehspots sind im ersten Quartal 2010 um reale 16 Prozent gestiegen, die für Internetwerbung um 12 Prozent. Die Ausgaben für Zeitungen und Magazine stagnieren.

»Fernsehen ist eben das Massenmedium schlechthin«, heißt es in einem Artikel der FAZ vom 29. Juli 2010.

Warum gibt es denn nicht mehr Widerstand gegen die Werbung? Warum wehren wir uns nicht vehementer gegen den gedruckten, gesendeten, nunmehr auch elektronisch verbreiteten Schwachsinn? Sender ziehen mit den Übertragungen von der Fußball-WM und mit Telenovelas (Spielfilmserien à la Lindenstraße) die jungen Leute vor den Fernseher.

Die Entwicklung dieser Verblödung bindet sich an das Internet. Südkorea sei ein Land, in dem die Internetdurchdringung unglaublich hoch sei. Ähnliches gelte für Estland in Osteuropa. Es geht aber überall in die gleiche Richtung: Es sind vor allem die Netzwerke wie Youtube, Facebook und Twitter, die die Werbestrategen der Konzerne anziehen. Der Volkswagen-Konzern bewirbt (wie man heute sagt) seinen neuen Polo GTI ausschließlich auf Facebook. In Großbritannien ist nicht mehr Google die größte und gefragteste Suchmaschine, sondern Facebook. Menschen schauen sich inzwischen jeden Monat eine Werbeanzeige auf Facebook an, haben Marktforscher beobachtet. Es seien 40 Prozent mehr als im letzten Jahr.

Ich gehöre nicht zu diesen Menschen, sondern halte die ausufernde Expansion von Werbung und Medien für den Tod der Zivilisation.

Diese Gier nach Geld, die Gier nach Bekanntheit, hinter der nichts steht. Diese unglaubliche Leere und dieser völlig inhaltlose Glamour, der Menschen verführt, die verführt werden wollen. Der frühere amerikanische Footballprofi Isaiah Mustafa pries jüngst in einem Spot die Vorzüge des Duschgels Old Spice an. Dieser wurde über das Internet verbreitet, und das neue Produkt erntete so viel Aufmerksamkeit, dass die Jury des Filmfestivals in Cannes die Wiederauferstehung von Old Spice auszeichnete. Etlichen Nutzern wurde außerdem ein Geschenk gemacht. Denjenigen, die bei Twitter und Facebook ihren Kommentar zu dem Spot abgegeben hatten, antwortete der Muskelmann mit einer persönlichen Videobotschaft.

Werbung nützt niemandem und verblödet alle. Aber sie ist nun einmal eine Wirtschaftsbranche, und von der sagt man: Sie muss sein.

Ich kann es nicht begreifen. Ich habe mir für meine Auslandsreisen eine zusätzliche E-Mail-Adresse bei gmx.de eingerichtet. Dort treffen täglich mindestens 20 bis 30 Werbeanzeigen ein. Ich lösche alle sofort. Und ich habe noch nie jemanden gefunden, der damit irgendwas anfangen kann.

So halte ich hier fest und bitte die Leser um Zustimmung: Wir brauchen keine Werbung.

5. August 2010

Lektürehinweis

Franz-Josef Rademacher, Die Zukunft unserer Welt. Navigieren in schwierigem Gelände, Essen: Edition Stifterverband, 2010.

Tristram Stuart, Für die Tonne. Wie wir unsere Lebensmittel verschwenden, Mannheim: Artemis und Winkler, 2010.

Gegen Bequemlichkeit

Die Gemeinschaft Sant'Egidio in Rom wird hierzulande zwar gelobt, aber wer wird beherzigen, was diese Gläubigen dort tun? Tatsächlich wurde dort ein sensationelles Stück Zeit-, Welt- und Afrika-Geschichte geschrieben: Fast drei Jahre lang hatten die Mitglieder, Geistliche und Laien, der Gemeinde Sant'Egidio in Trastevere in Rom die Protagonisten des schrecklichen, mörderischen Bürgerkrieges in Mozambique zu Gast. Die Frelimo, kommunistisch angehaucht, aber doch mit einer klaren Befreiungsagenda und Legitimität, kämpfte gegen die Renamo, die in ihrer kämpferischen Brutalität nicht eben wählerisch war und Waffen und Unterstützung auch von den Vertretern der Apartheid-Regierung in Südafrika annahm. Aber mit Waffen ließ sich das Elend der Bevölkerung nicht beenden.

So kamen die Vertreter der beiden Seiten, vermittelt durch den großartigen Bischof Jaime Conçalves von Beira, immer wieder zusammen, zunächst in verschiedenen Häusern und nicht an einem Tisch. Sie verhandelten, wegen des für uns Menschen überall auf der Welt so wichtigen Gesichtsverlustes, lieber erst einmal in verschiedenen Räumen und mit Boten untereinander. Dann setzten sich Vertreter der einen mit Vertretern der anderen Delegation zusammen. Dann waren sie alle zusammen. Sie spürten den Geist Jesu Christi durch die Gemeinde ziehen. Es kam dann sogar zu einer Begegnung, die von beiden Repräsentanten – Präsident Jacquino Chissano und dem Führer der Renamo, Dhlakama – alles forderte, nämlich die Aufgabe sämtlicher gesichtswahrender Momente.

Die Renamo war damals eine der berüchtigtsten Befreiungsbewegungen in Afrika mit einem miserablen Menschenrechtsindex. Sie bekam Unterstützung von allen, denen man nicht über den Weg traute und die einen schlechten Leumund hatten. Ihre Unterstützer im Geist des Kalten Krieges, also gegen Moskau, Kuba und die DDR, saßen auch in München in der bayerischen CSU. Das Hauptquartier der Renamo war in Gorongosa in der Ebene des Limpopo. Erzbischof Jaime Conçalves hatte mit einer Reise nach Gorongosa als Erster den Versuch gemacht, die Renamo aus der selbst gewählten und selbst verschuldeten Isolation zu befreien. Ohne diesen Erzbischof hätte der Friede in Sant'Egidio in Rom-Trastevere sich nicht ereignen können.

Und wer nur einmal einen der großartigen Gottesdienste in Trastevere mitgemacht und die Menschen dort getroffen hat, der wird wissen, weshalb man als deutscher Katholik davon nur schwärmen kann.

Der Mozambique-Friede bricht an am 4. Oktober 1992. Jedenfalls war am 4. Oktober 1992 nach zweijährigen Verhandlungen der Friedensvertrag fertig. Und dieser Friedensvertrag hat gehalten. Warum? Weil die Afrikaner allergisch sind gegen staatliche und wirtschaftliche Interessen, die sich ja in der Kolonialzeit auf ihrem Grund und Boden ausbeuterisch ausgetobt haben. Deshalb war es wie ein Trompetensignal in ganz Afrika: Eine nichtstaatliche, dazu auch noch kirchliche Gemeinde machte mit unglaublicher Verve, Engagement und Geduld den Frieden in Mozambique möglich.

Ich weiß noch, wie sich etwa ein Jahr später der deutsche Botschafter in Angola, Helmut van Edig, an mich wandte – wir waren damals im Süden des Landes bei einer sehr wichtigen, aber auch gefährlichen Arbeit, dem Minenräumen – und mich fragte, ob ich Sant'Egidio kenne.

Ich erzählte ihm von dieser römischen Gemeinde und dem Frieden für Mozambique.

Dann sagte er mir, er stelle diese Frage stellvertretend für den Rebellenchef der UNITA, Jonas Savimbi. Der hatte ihn nach den Umständen dieser Gemeinde gefragt und dabei ungeheuer interessiert gewirkt. Denn alle Versuche der Staatengemeinschaft, einen Friedensvertrag zwischen den beiden noch aus der Zeit des Kalten Krieges übrig gebliebenen Rivalen – der kommunistischen, Moskau- und

Kuba-hörigen MPLA und der vom Westen, zumal von US-Präsident Reagan und Südafrika, unterstützten UNITA – zustande zu bringen, waren gescheitert.

So habe ich mir immer vorgestellt, ein Kloster, eine Gemeinde, eine gut abgesicherte und ausgefütterte katholische oder evangelische Akademie würden sich einmal die große Aufgabe stellen, die Vertreter der Parteien im Kongo oder im Sudan oder in Palästina an einen Tisch zu bringen. Denn das schafften weder die UNO noch die NATO noch die African Union (AU). Für Afrikaner, für die Religion noch viel mehr bedeutet, wäre das eine faszinierende Verpflichtung. Leider laden die großen Verhandlungsagenturen der UNO und der EU, der AU und der OSZE immer in wunderbare, große, teure Hotels ein, wo diese Verhandlungsdelegationen samt ihren White-Collar-Agenten sich sehr gern sehr lange aufhalten und sich sehr gut darauf verstehen, den Aufenthalt dort auszudehnen.

Aber so eine Gemeinde wie Sant'Egidio habe ich in Deutschland immer vergebens gesucht. Als ob es dabei um Geld ginge! Als ob man dabei nicht diese Führer ganz anders erleben würde! Schon 1988, bei einem großen Hearing im Deutschen Bundestag, seinerzeit vorbereitet und durchgeführt vom Vorsitzenden des Unterausschusses für humanitäre Hilfe, Friedrich Vogel, erwies sich, wie enorm wichtig das Sich-Aussprechen und Sich-Kennenlernen ist. Ich sehe noch vor mir, wie der 2005 im Sudan abgestürzte Führer der SPLA (Sudan People's Liberation Army), Dr. John Garang, im Bundeshaus in Bonn davon sprach, es sei einiges »fundamentally wrong« bei den Verhältnissen in seinem Land. Denn man müsse erst bis nach Deutschland fliegen, um miteinander ins Gespräch zu kommen.

Ich bin überzeugt, dass wir das könnten. Außerdem wird solcher Wagemut belohnt. Den Freunden von Sant'Egidio ist ein so großer Wurf nicht mehr gelungen. Weder seinerzeit mit dem Untergrund und den Kriegsparteien in dem übel zugerichteten nordafrikanischen Algerien noch mit dem Balkan. Es bedarf einer neuen Institution und ihres Engagements.

Es wäre auch gut, wenn sich eine solche Akademie an die Lösung des wichtigsten Problems der Welt machen würde, an die Palästina-Frage. Wir alle sind auf der ganzen Welt in Geiselhaft wegen dieses seit 44 Jahren nicht gelösten Problems, das zu lösen Israel nicht die Kraft hat und die Palästinenser nicht die Möglichkeit haben. Israel kann nur von einer internationalen Kraft gehindert werden, weitere Rechtsverletzungen zu begehen und weiter ausschließlich auf die Abschreckungskraft seiner Armee zu setzen. Deutschland ist für eine solche dringend gebrauchte Vermittlung das geeignetste Land, und eine hiesige Akademie wäre der beste Boden, das zu tun, weil man bei uns nicht den Holocaust vergessen kann und weil wir als Deutsche uns verpflichtet haben, nie wieder zuzuschauen, wenn Menschen Unrecht geschieht.

5. August 2010

Lektürehinweis

Roberto Morozzo Della Rocca, Mozambik. Frieden schaffen in Afrika, Würzburg: Echter Verlag, 2003.

Rupert Neudeck, Ich will nicht mehr schweigen. Recht und Gerechtigkeit in Palästina, Neu Isenburg: Verlag Abraham Melzer, 2006.

Rupert Neudeck, Das unheilige Land. Brennpunkt Naher Osten. Warum der Friede verhindert wird, Freiburg 2011.

Gegen Geheimdienste

Merkwürdige Statements und Verlautbarungen gibt es in den Tagen des ausgehenden November 2010 vonseiten diverser Geheimdienste. Die US-Amerikaner sollen vier oder sechs Terroristen auf die Schliche gekommen sein, die auf dem Wege von den USA nach Europa und dort auch noch nach Deutschland waren. Der Terrorismusexperte des ZDF, Elmar Thevissen, wird am 17. November 2010 in die »heute«-Sendung gebeten. Er weiß von sechs Terroristen, die sich auf den Weg gemacht haben, von hundert sogenannten Schläfern in Deutschland und von zweien, die man nicht mehr im Visier hat, sondern die untergetaucht seien.

Das alles wissen diese Dienste ganz genau, und der Normalsterbliche und der normal vernünftige Staatsbürger fassen sich an den Kopf und fragen sich: Warum sind denn diese vier Leute, die ja ganz eindeutig nach Zahl und Person identifiziert sein müssen, nicht schon in den USA festgenommen worden? Die Antwort ist ganz einfach: Dann bräuchten wir keine Geheimdienste. Denn deren Aufgabe besteht im Wahrsagen, im Vermuten, im Erahnen, im Unsichermachen. Zur Auffindung von Schweinereien im Verkehr der Nationen und Staaten sind ausgewiesene Journalisten die besseren Geheimdienstleute. Weshalb man ja auch munkelt, in Pullach beim Bundesnachrichtendienst sei einmal ein Secret-Service-Bericht aufgetaucht, der wortwörtlich aus einer Depesche des damaligen Paris-Korrespondenten der »Süddeutschen Zeitung«, Rudolf Chimelli, abgekupfert gewesen sein soll.

Am 17. November ist es so weit, der amtierende Innenminister geht vor die Presse, ein ausländischer »Dienst« (so werden diese Ungetüme mittlerweile verniedlichend genannt) habe Hinweise gegeben.

Man habe also, so Bundesinnenminister Thomas de Maizière, Anhaltspunkte dafür, dass Ende November ein oder mehrere Anschläge geplant seien. »Es gibt Grund zur Sorge, aber keinen Grund zur Hysterie.« Thomas de Maizière erklärte, die Lage sei mit derjenigen vor der Bundestagswahl vergleichbar. Damals hatte es ebenfalls Hinweise auf Anschläge gegeben.

Aber eigentlich gibt es solche Hinweise ununterbrochen.

Nur: Was ist das für eine Lage, in der wir uns immer stärker einigeln, die Flughäfen zu Fluchtburgen machen und selbst die Bahnhöfe unter verschärfte Bewachung stellen? Was ist die Aufgabe von »Diensten«, die selbst nicht kontrolliert werden können?

Früher hatte man noch die Vorstellung, Geheimdienste seien wirkliche Geheim-Dienste, aber diese Dienste haben nichts Geheimes mehr. Sie machen Pressekonferenzen, in den deutschen Botschaften im Ausland weiß man auch als Besucher, wer der Beamte vom BND ist. In Herat – der Hauptstadt der gleichnamigen Provinz Afghanistans, im Westen, an der Grenze zum Iran – gab es zur Bewachung des Deutschen Hauses immer auch einen BND-Mann, der so jovial war und der uns so leid tat, dass wir ihn zu Schuleröffnungen eingeladen haben.

Was das heißt? Substanziell ist an solchen »Informationen« gar nichts, außer dass irgendwer als Undercover-Agent etwas gehört hat. Aber anstatt diesen Hinweisen weiter nachzugehen, versetzt man lieber eine ganze Bevölkerung in Unruhe.

Am Flughafen sitzt man demnächst noch länger herum und vergeudet die Zeit, die man eigentlich durch das Fliegen gewinnen wollte. Reisende werden verstärkt überprüft. Schon jetzt werden Passagiere in der Flughafenhalle stichprobenartig herausgegriffen. Die zuständige Bundespolizei stockt ihr Personal deutlich auf. Details werden nicht genannt. »Die Streifen tragen für die kommenden Wochen Schutzwesten und Maschinenpistolen.« Die Lufthansa verstärkt die Cockpit-Türen und setzt auf einigen Flügen eigenes Sicherheitspersonal ein.

Am 18. November 2010 wird ein Paket mit einem verdächtig tickenden Uhrwerk in einem Flugzeug von LTU in Windhoek gefunden.

Diese Bombe entpuppt sich als Attrappe, möglicherweise dazu bestimmt, das Flughafenpersonal in Windhoek zu testen. Sagen Sie nicht, so etwas gebe es nicht. Um das eigene Personal zu prüfen, machen diese Dienste die tollsten Sachen.

Aber Deutschland und der Innenminister stehen 24 Stunden Kopf wegen dieser vermeintlichen Bombenattrappe.

»Durch die Platzierung oder Anwerbung menschlicher Quellen (›HUMINT‹) in Sympathisantengruppen ergibt sich überdies eventuell eine Möglichkeit, in den Kern nahestehender aktiver Terrorzellen vorzustoßen, die anders fast nicht zu unterwandern sind.« So zu lesen bei Peter Schoor, der sich in verschiedenen Geheimdienstzirkeln bewegt und darüber ein Buch mit einem nicht sehr einfühlsamen Titel geschrieben hat: »Im Auge des Terrors«. Untertitel: »Wie viel Islam verträgt Europa?« (Wien: Überreuter, 2010, S. 71).

Das ist die Vorgabe dieser Dienste: Es gibt Sympathisantengruppen, die aktiven Terrorzellen anhängen, welche von den Geheimdiensten notwendig zu »unterwandern« sind. Das bedeutet für unsere Integrationspolitik und für das Verhältnis zu gläubigen Muslimen und Moscheegemeinden, dass man sich immer klarmachen muss, dass die von »HUMINTs« unterwandert sind. Ein unbelastetes und freies Gespräch wird unter diesen Voraussetzungen kaum denkbar sein.

Eine weitere Devise der »Dienste«: Man sollte die wenigen wirklich harten, bis an die Grenze des Terrors gehenden Vereine oder Verbände nicht zu schnell verbieten, weil es das wichtigere Ziel sein muss, weiter auf konspirativer Ebene zu operieren. Noch einmal Peter Schoor: »Durch ein Verbot wird das Einschleusen von verdeckten Ermittlern wesentlich erschwert bzw. bereits platzierte Agenten unter Umständen enttarnt.« Und um der Politik und der Gesellschaft und dem Parlament klar zu sagen, wo es langgeht: »Menschliche Informationsquellen in diesen Kreisen sind eine Conditio sine qua non, wenn konkrete Informationen über terroristische Bedrohungspotentiale oder Intentionen von Terrorgruppen gewonnen werden sollen.« Dass die Geheimdienste unsere Gesellschaft mit verdeckten Ermittlern unterwandern, hat also ein Apriori vor der politischen Taktik und Strategie zu sein! Man muss sich einmal klarmachen, welche Hypothek eine Gesellschaft sich auflädt, wenn ihr Staat sich solche »Dienste« leistet. Diese Dienste leben vom Misstrauen gegenüber den genuin demokratischen Sicherheitskräften wie Polizei und Armee. Und heutzutage leben sie insbesondere von einem Überschuss an Misstrauen gegenüber allem, was sich islamisch nennt.

Ein höchst beredetes Beispiel für genau diesen Punkt: Die transparent und offen geleitete Moscheegemeinde im südbayerischen Penzberg mit ihrem großartigen Imam Benjamin Idriz stand jahrelang unter der Kontrolle und Beobachtung des bayerischen Verfassungsschutzes. Die Gemeinde war das Opfer von dessen Abwehrideologie. In München war man der Meinung, der Islam habe in Deutschland, auf jeden Fall aber in Bayern nichts zu suchen. Da mochte sich eine Moscheegemeinde noch so gut in die bayerische Zivilkommune integrieren – sie war und blieb verdächtig. Wie viel Macht die Dienste in deutscher Politik haben, wurde mir klar, als ich den damaligen Bundesinnenminister Wolfgang Schäuble animieren wollte, der Gemeinde in Penzberg einen Besuch abzustatten. Es kam eine überaus reservierte Antwort. Sie erklärt sich dadurch, dass Politiker sich nicht trauen, etwas zu tun, was den Anweisungen der Dienste stracks zuwiderläuft.

Diese Dienste versuchen ihre Wichtigkeit und Unentbehrlichkeit immer wieder neu gegen andere Institutionen des Rechtsstaates zu sichern und zu verstärken. So liest man, wiederum bei Peter Schoor, die neuen biometrischen Ausweise oder die biometrischen Merkmale in deutschen Pässen seien zwar schön und gut, aber diese neue Kennzeichnungspflicht solle doch in »erster Linie die Arbeit der Polizei erleichtern«, ihr Beitrag zur Terrorismusbekämpfung (damit zur Arbeit »der Dienste«) sei hingegen »in jedem Fall nur von eingeschränktem Wert« (ebd., S. 73).

Nun fehlt es den Diensten aber an »professionellen Islamexperten mit entsprechender Praxiserfahrung«, nämlich an Experten, die *a priori* von der grundlegenden fundamentalen Gefährlichkeit des Islams für europäische Gesellschaften überzeugt sind. Erschwerend komme für die Rekrutierung ein »kulturelles Phänomen« hinzu: »Geheimdienste haben in Deutschland bei breiten Schichten der Bevölkerung kein gutes Image« (ebd., S. 74). Da kann ich nur sagen: *Deo gratias*.

Der Journalismus lebt mittlerweile von »den Diensten«. Da wird wieder einmal eine Greuelgeschichte über die Islamisten und die Konvertiten erzählt, die in Deutschland eigentlich alle ins Gefängnis müssten. Am 21. November 2010 erscheint ein langer Artikel in der »Frankfurter Allgemeinen Sonntagszeitung« und weist voraus auf den 22. November, an dem einige Leute aus Indien und Pakistan mit einem Schengen-Visum landen sollen, um hier einen neuen Terroranschlag à la Mumbai/Bombay Hotel zu verüben. Man hat sich also darauf eingestellt, dass die Terroristen am 22. November kommen, man ahnt auch schon, dass sie klug sind und den Weg mit einem Thalys-Zug von Paris nach Köln oder mit einem ICE von Brüssel nach Frankfurt nehmen, um dann wahllos irgendwo zu morden und zu zerstören.

Innenminister Thomas de Maizière fällt dadurch auf, dass er den objektiven Terror nicht auch noch zum subjektiven PR-Terror für sich nutzen will. In der Sendung mit Anne Will am 21. November erleben die deutschen Zuschauer einen sehr gefassten, klugen und nichts übertreibenden Innenminister, der dabei auch noch erfreulicherweise von dem ehemaligen Amtsinhaber Gerhard Baum sekundiert wird.

Die Journalisten aber lassen sich wieder von Verfassungsschützern etwas in die Maschine diktieren. Und so geht es immer weiter. Es werden Phänomene der Gesellschaft beschrieben, aber von Verfassungsschützern auf die Gruppe der Muslime gelenkt. Der kluge Zeitungsautor fragt, ob nicht aufgrund der Koranfestigkeit vieler Konvertiten gerade der Islam ausschlaggebend dafür sei, sich einer solchen radikal-terroristischen Richtung anzuschließen. Mit der Koranfestigkeit ist es aber bei den Heißspornen in der Regel nicht weit her. Professor Bassam Tibi, der es wirklich wissen muss, zeigte sich im Gespräch entsetzt, dass gerade die radikal-politischen Gruppen überhaupt keine Ahnung vom Koran hätten und man sie im Disput jederzeit widerlegen könne.

Die Antwort darauf, weshalb junge Leute zu einer starken Form von Religion streben und sich danach sehnen, hat mit dem zu tun, was Bundeskanzlerin Angela Merkel als CDU-Vorsitzende beim Parteitag in Karlsruhe am 14. November 2010 sagte: »Unser Problem ist doch nicht, dass wir zu viel Islam haben. Wir haben zu wenig Christentum in Deutschland!«

Die »Dienste« sind nicht besser, nein: sie sind schlechter als gute Journalisten. Ein guter Journalist findet mehr heraus als ein Undercover-Agent. Infiltrierte Agenten machen sogar manchmal eine politische Operation kaputt. So konnte das Verbotsverfahren gegen die übelsten politischen Mitspieler, die alten Nazis der NPD, nicht eröffnet werden, weil sich viele Aussagen von deutschen BND-Geheimdienstleuten vor dem Bundesverfassungsgericht als nicht verwertbar entpuppten.

Es ist nur logisch, dass die »Dienste« die Nähe zu politischen und wirtschaftlichen Organisationen suchen. Jean Ziegler hat dieses Feld besonders gut untersucht. In »Das Imperium der Schande« (München: Bertelsmann, 2005) schreibt er: »Manche dieser Gesellschaften gehen bei der Infiltrierung der großen Spezialorganisationen der UNO besonders geschickt vor« (S. 220). Ziegler macht das deutlich an der Weltgesundheitsorganisation WHO, deren höchste Instanz die »Weltversammlung der Gesundheit« ist. Bei der WHO sind viele profitträchtige Dinge zu bewegen oder abzuwenden. Sie unterhält Dutzende von Forschungszentren in der ganzen Welt. Sie investiert Hunderte Millionen Dollar in ihr Programm zur Verhütung von Aids. Und sie übt eine starke normative Tätigkeit aus, indem sie neue Medikamente ablehnen oder akzeptieren kann.

Ich habe meine eigenen Erfahrungen mit den »Diensten« gemacht. Es war auf der ersten Fahrt der »Cap Anamur« Anfang August 1979 von Kobe in Japan in das Südchinesische Meer. Bei seiner Ankunft in Kobe am 2. August lag das Schiff mit dem deutschen Kapitän und einer Crew von tüchtigen Filipinos im Hafen. In den nächsten Tagen machte sich ein Deutscher bemerkbar, der sich als Freund des Kapitäns ausgab. Er tauchte ständig auf, auch zu den Mahlzeiten in der Kajüte, und erklärte ganz jovial, als Freund des Kapitäns würde er gern die erste Reise des Rettungsschiffes mitmachen. Ich sprach Kapitän Harry Voss darauf an, der aber gar nicht wusste, wer der zudringliche Besucher war. Deshalb gab ich dem Mann am 9. August, bevor wir ausliefen, die ausdrückliche Anweisung, er habe sofort von Bord zu verschwinden. In Deutschland erfuhr ich später, dass er ein BND-Agent war.

Wie Geheimdienste manchmal nur darauf aus sind, ihre eigenen Schweinereien anderen in die Schuhe zu schieben, macht der Fall des Klosters Tibhirine erschreckend deutlich.

Ganz Frankreich und nun auch Deutschland erfahren in diesen Monaten aus einem Film die Geschichte der Ermordung sieben französischer Trappistenmönche in Algerien. Zwei Autostunden von Algier hatten die Mönche ein Kloster aufgebaut, in dem sie, Angehörige des strengsten Ordens der katholischen Kirche, ein Leben ohne Subventionen und in Abgeschiedenheit führten.

Als sie im Frühjahr 1996 entführt und ermordet wurden, war die Sache für uns alle, besonders für die Franzosen und unsere Politik klar: Die Mörder konnten nur aus den Kreisen der »Bewaffneten Islamischen Gruppe«, der GIA, kommen. Wir wussten damals nicht, dass die GIA vom algerischen Geheimdienst unterwandert war. Der algerische Geheimdienstkoordinator General Lamari hat das selbst einem hohen französischen Beamten verraten:

»Wir haben einen unserer Leute an der Spitze der GIA.« Das war die Gruppe, die seit Oktober 1994 von Djamal Zitouni geleitet wurde. Sie hatte am 27. März 1996 um 1.15 Uhr das Kloster Tibhirine mit einem zwanzig Mann starken Kommando überfallen und alle Mönche bis auf zwei entführt. Am 26. April übernahm sie die Verantwortung für das Verbrechen. Am 21. Mai 1996 ließ sie martialisch verlauten: »Der Präsident Frankreichs und sein Außenminister haben erklärt, dass sie mit der GIA nicht verhandeln. Sie haben den Faden des Dialogs abgeschnitten. Wir unsererseits haben nun den sieben Mönchen die Hälse abgeschnitten.«

Und wie angekündigt, hingen wenige Tage später die Köpfe der sieben Mönche in Plastiksäcken an Bäumen.

Ganz Frankreich und Europa sowie der katholische Erdkreis waren entsetzt. Der damalige Generalprokurator der Zisterzienser, Armand Veilleux, ist bis heute überzeugt, dass die algerische Armee bei der Entführung und Ermordung ihre Hände im Spiel hatte. Von den Beamten der Botschaft Frankreichs hatte er erfahren, die Mönche seien ursprünglich gar nicht enthauptet, sondern bei einem Angriff auf das Versteck, in dem sie festgehalten wurden, durch Maschinengewehrfeuer getötet worden. Es ist zu vermuten, dass eine andere, nicht vom algerischen Geheimdienst geleitete Gruppe der GIA von der Entführung Wind bekommen und die Geiseln ein zweites Mal entführt hatte. Dabei wird es zu einem Kampf gekommen sein.

Während in Frankreich die Schuld an der Entführung und Ermordung der Mönche ganz der fundamentalistischen GIA zugeschrieben wurde, war der Generalprokurator der Zisterzienser skeptisch. Er war der Meinung, man habe die Entführung fingieren wollen. Man habe nicht vorgehabt, die Mönche umzubringen oder ihnen Schaden zuzufügen. Man wollte sie vielmehr mit Pauken und Trompeten freilassen und so die Effizienz der algerischen Nachrichtendienste und ihre Treue zu Frankreich veranschaulichen. Anschließend hätte man die Mönche ins Flugzeug nach Frankreich gesetzt und sie sich damit vom Hals geschafft. Pater Veilleux: »Wenn diese Hypothese stimmt, und einiges spricht dafür, dann ist es wenig wahrscheinlich, dass der französische Geheimdienst nicht von Anfang an von dieser Schein-Entführung wusste.«

2009 kam es in Paris zu einem Skandal. General François Buchwalter, der 1996 Militärattaché an der französischen Botschaft in Algier gewesen war, berichtete dem französischen Ermittlungsrichter Marc Trevidic unter Eid, er habe erfahren, dass die algerische Armee damals ein Lager der GIA aus Hubschraubern beschossen und dabei aus Versehen die Mönche getroffen habe. Um die Spuren dieses Vorfalls zu beseitigen und den Islamisten die Schuld am Tod der Mönche zuweisen zu können, habe man den Trappisten die Köpfe abgeschnitten. Er habe damals dem Verteidigungsministerium, dem Generalstab und auch dem französischen Botschafter Michel Leveque schriftlich davon Mitteilung gemacht. Der Botschafter habe ihn angewiesen, über diese Geschichte zu schweigen.

Die Körper der sieben Trappisten sind bis heute nicht aufgetaucht.

Es ist aber schon jetzt eindeutig, dass die Mörder nicht die Islamisten von der GIA waren.

Es war nach 1989/1990 – nach dem Ende des Kalten Krieges, der Hoch-Zeit für alle Geheimdienste auf der ganzen Welt. Damals waren wir der Meinung: Diese Dienste brauchten wir nicht mehr, wir könnten sie zugunsten der Kulturförderung ersatzlos streichen. Wir könnten uns ganz der Erlangung der Friedensdividende, der Abrüstung der hochgerüsteten Armeen zuwenden und ein Zeitalter in Frieden zwischen den Nationen und Staaten beginnen, die ja nicht mehr in Blöcken miteinander verzahnt waren. Es wurden Bücher darüber geschrieben, dass wir CIA und NKWD und KGB nicht mehr brauchten. Der Enthusiasmus dieser Tage war grandios. Wir konnten uns gar nicht genug gegenseitig in dem Gedanken bestärken, dass das Ende der Geschichte und der Anfang einer neuen Zeit begonnen hatte.

Doch noch immer gibt es die »Dienste«. Höchste Zeit, sie abzuschaffen und das damit eingesparte Geld für eine bessere materielle und personelle Ausstattung der Polizei zu verwenden! Die Existenz jener lässt sich nicht mit unserer westlichen Form einer kontrollierten, durch »checks and balances« regulierten Transparenz-Demokratie vereinbaren.

Es gibt zwei Gründe, die dafür sprechen, dass eine freie demokratische Gesellschaft, die Wert darauf legt, bestimmte Grundwerte verbindlich zu machen, Geheimdienste weder braucht noch zulassen sollte.

Zum einen sind Geheimdienste, wie der Name schon sagt, niemals zu kontrollieren. Es ist ja geradezu ihr Arbeitsprinzip, dass sie unterwandern, undercover arbeiten, täuschen und tricksen. Der Professor (und Islam- und Arabienexperte) Bassam Tibi berichtete mir einmal entsetzt, dass man beim BND tatsächlich darauf gekommen war, auch ihm, dem großen deutschsyrischen Professor, ein Angebot zur Kooperation zu machen.

Und ein weiterer Grund, der in dem genannten ersten schon angelegt ist: Geheimdienste brauchen bei verdächtigen oder feindlichen Umtrieben in der eigenen Gesellschaft wie bei sogenannten feindlichen oder konkurrierenden Staaten immer heimliche Kollaborateure, Agenten, Mitläufer, Spione, die sie mit der süßen Waffe des Geldes dazu bringen, solche Aufgaben zu übernehmen. Damit untergraben sie jede Loyalität. Ihr Ideal ist das Gegenteil eines Ideals: Sie suchen den käuflichen Menschen. Höchste Zeit, sie abzuschaffen!

18. November 2010

Lektürehinweis

Benjamin Idriz, Grüß Gott, Herr Imam, München: Kösel Verlag, 2010.

Tod der sieben Mönche – Was wussten Algier und Paris? Ein Feature von Marc Thörner, WDR 5, DOK 5 vom 12./13. Dezember 2010.

»I do not hope, I persevere«

65 Jahre ist sie nun alt, und man kann nicht ahnen, was sie in der Einsamkeit ihres Hausarrests, der faktisch Gefangenschaft ist, alles durchgemacht hat. Was das an Tagen, Wochen, Monaten und Jahren bedeutet, hat sie selbst gesagt: »I persevere.« Ich versuche durchzuhalten. Nach der Wahl am 27. Mai 1990, die sie bei ihrem Volk so strahlend gewonnen hatte, wurde ihr der Sieg gestohlen, und sie wurde vom Militärregime mit Hausarrest belegt.

Mit 15 Jahren hat Aung San Suu Kyi ihr Land Burma verlassen, es war keine Fluchtgeschichte, sondern eine normale berufliche Forderung, die sich aus der Versetzung ihrer Mutter auf einen anderen Diplomatenposten in Indien ergab. Ihre Mutter war die Witwe des in Burma höchst verehrten Unabhängigkeitshelden Aung San. Der Vater wurde ermordet, als Suu Kyi erst zwei Jahre alt war, kurz bevor Burma die Unabhängigkeit erreichte, für die der Vater sein Leben eingesetzt und geopfert hatte. Die Mutter wurde nach Neu-Delhi geschickt.

Suu Kyi studierte später an der Universität Oxford und promovierte dort. Sie arbeitete als Angestellte der UNO in New York und in Bhutan. Dann lernte sie in London einen britischen Wissenschaftler, Michael Aris, kennen und lieben und heiratete ihn.

1988 – so erinnert sich ihr Mann (Aung San Suu Kyi: Freedom from Fear and Other Writings, London 1991) – bekam sie im März einen Anruf aus Burma, sie wurde informiert, dass ihre Mutter einen Schlaganfall erlitten hatte. Nach zwei Tagen flog sie los, um ihre Mutter zu besuchen. Aber dann geriet sie wie durch ein Naturereignis an die Spitze der Demokratiebewegung.

Bei ihrer Rückkehr kam es zu einem revolutionären Ausbruch gegen die 26 Jahre politischer Unterdrückung und des wirtschaftlichen

Niedergangs. Suu Kyi wurde damals, im Juli 1989, unter Hausarrest gestellt. Das konnte einen erdrutschartigen Sieg ihrer Partei bei den Wahlen im Mai 1990 nicht verhindern. Damals haben die Generäle einfach das überwältigende Ergebnis kassiert. Die NLD hatte achtzig Prozent (!) der Sitze im Parlament gewinnen können. 1995 fühlte sich die Junta so gut etabliert, dass sie die Freiheitsheldin, die 1991 auch noch den Friedensnobelpreis bekommen hatte, kurzfristig freiließ. Doch dieser Frühling endete 2000, als die Freiheitskämpferin erneut unter Hausarrest gestellt wurde, was sich dann erneut 2003 wiederholte.

Dieser Hausarrest wurde am 13. November 2010 aufgehoben, und von Stund an sammelten sich Tausende, Zehntausende, um einen Blick auf die Heldin des großen Volkskampfes zu werfen. Wenige Tage nach der sogenannten Wahl des Jahres 2010 wurde sie freigelassen, nach einer Wahl, bei der die Mehrzahl der Bevölkerung den Wahlurnen fernblieb, einige dem Druck der Junta nachgaben und ihre Kreuzchen bei der Partei des Regimes machten.

Aung San Suu Kyi strahlte, so als ob sie gar nicht älter geworden wäre. Es war ein ähnliches Erlebnis wie bei Nelson Mandela: Sie ist ungebrochen, voller Freude, ohne Groll.

»Es gibt eine Zeit, um still zu sein, und eine Zeit zu reden«, sagte sie bei der ersten Begegnung mit ihrem Volk und bat alle, am nächsten Tag ins Hauptquartier ihrer Partei, der National League for Democracy zu kommen.

Doch scheint jetzt die Führerin nicht mehr unangefochten. Die Entscheidung, die Wahlen zu boykottieren, wurde mit einer Neugründung beantwortet. Unter alten Anhängern bildete sich die National Democratic Force (NDF). Man strebt jetzt eine Versöhnung der Boykottpartei mit derjenigen an, die bei der Wahl in Erscheinung getreten war.

Das Regime seinerseits wollte wirtschaftlich weiterkommen und sah die Möglichkeit, dies sowie die Aufhebung bestimmter ausländischer Sanktionen durch die Freilassung von Aung San Suu Kyi zu erreichen. Allerdings sind die burmesischen Militärs auch für unerwartete und plötzliche Reaktionen bekannt. Man kann also ein erneutes Vorgehen gegen die große Führerin des Landes nicht ausschließen. Die Reaktionen auf dem internationalen Parkett waren indes so, wie die Generäle sie wohl nicht erwartet hatten. UN-Generalsekretär Ban Ki-Moon forderte die Freilassung aller politischen Häftlinge, deren Zahl auf 1000 bis 2200 geschätzt wird.

Das Besondere für uns Europäer und Deutsche ist die innige Verbundenheit mit den buddhistischen Überzeugungen, in denen sich Aung San Suu Kyi mit ihrem Volk eins weiß. Sie hat uns in ihren Schriften diese wunderbare Tradition erlebbar gemacht, in der schon die Könige (Mahasaata) nicht einfach absolutistisch regieren durften. Im Gegenteil, man erwartet in Burma von einem König, dass er die zehn Verpflichtungen eines Königs und die sieben Anweisungen und Vorsichtsmaßregeln gegen den Niedergang einhält. Diese Pflichten von Königen sind in Burma weithin bekannt und als Grundsätze akzeptiert, die für die Monarchen früherer Zeiten wie auch für moderne Regierungen gelten.

Die erste Pflicht besteht in der Liberalität, die verlangt, dass ein Führer sich großzügig für die Wohlfahrt seines Volkes einsetzt.

Die zweite Pflicht (Sila) ist die verbindliche Moral, die verlangt, dass sich ein Regierender von der Zerstörung von Leben, von Diebstahl, Ehebruch, falschem Zeugnis und berauschenden Mitteln fernhält.

Die dritte Pflicht besteht in der Paricagga, das heißt der Großzügigkeit, mit der sich Buddhisten in dieser Welt verhalten sollen. Das Konzept des selbstlosen öffentlichen Dienstes ist darin eingebunden. Populär ist die Geschichte eines Affenkönigs, der sein eigenes Leben opferte, um seine Affenuntertanen zu retten. Eine gute Führung sublimiert die eigenen Bedürfnisse um ihres besseren Dienstes an der Nation willen.

Die vierte Pflicht besteht in der Ajjava, das heißt der Abwesenheit von Korruption. Es gebe, schreibt die große Burmesin, ein burmesisches Wort: »With rulers truth, with ordinary men vows.«

Die fünfte Pflicht ist Maddava, das bedeutet Freundlichkeit. Vom politischen Führer wird der Mut verlangt, Sorge für das eigene Volk zu tragen und auszudrücken. Und sich zu sorgen ist der höchste Ausdruck von Verantwortlichkeit.

Die sechste Pflicht ist Tapa, die Einfachheit des Lebenswandels. Sie bedeutet eine spirituelle Disziplin.

Die siebte Pflicht besteht in der Akkodha, in dem Gebot, gegen niemanden einen Groll zu hegen.

Die achte Pflicht ist Avihimsa, Gewaltlosigkeit pflegen und Frieden stiften.

Die neunte ist Khanti, Geduld und Nachsicht üben gegenüber den Fehlern anderer. Der Kaiser Ashoka galt bei den Burmesen als derjenige, der die Prinzipien der Gewaltlosigkeit und des Mitgefühls besonders gut als idealer buddhistischer König verwirklicht hat. Er hat die Gerechtigkeit und das Recht an die Spitze seiner Bewegung und seiner Eroberungen gestellt.

Die zehnte Pflicht ist Avirodha, die Bereitschaft, dem Willen des Volkes keinen Widerstand entgegenzusetzen. Die wirkliche Legitimität der Regierung ist dieser buddhistischen Weisheit zufolge in dem Konsens des Volkes begründet, das sein Mandat zu jeder Zeit zurückziehen kann, wenn erkennbar wird, dass der Führer nicht mehr im Einklang mit der Bevölkerung lebt und regiert.

Im Westen haben wir immer noch keine wirkliche Erfahrung und kein Wissen von der Widerstandskraft des Theravada-Buddhismus. Immerhin wissen wir seit Vietnam, dass buddhistische Mönche beim Aufbrechen des Widerstandes eine hervorragende Rolle spielen können. Nur in einem Fall – in Tibet – gibt es auch die Übernahme einer politischen Widerstandsrolle. Immerhin bestehe kein Zweifel daran, dass die Mönche sowohl als Protestierende wie als Mediatoren in Burma eine bedeutende Rolle spielten; und die gewöhnlichen Mönche teilten das Leid und die Frustration der burmesischen Gesellschaft, schreibt Timothy Garton Ash in seinem Buch »Jahrhundertwende« (München: Hanser, 2010, S. 321). Es gibt da eine merkwürdige Zahlen-

Koinzidenz. Nach Schätzungen leben in Burma nicht weniger als 400 000 buddhistische Mönche. Nach Statistiken leistet sich das Regime aus Angst gegen eine aufbegehrende Bevölkerung und gegen die Mönche 400 000 Soldaten.

Deshalb lebt in Aung San Suu Kyi, der Friedensnobelpreisträgerin des Jahres 1991, das große moralisch-politische Vorbild, das wir in Europa suchen mussten und vielleicht nur in der Figur des UN-Generalsekretärs Dag Hammerskjoeld in vergleichbarer Form fanden. Sie wurde die Frau des Jahres, »Time Magazine« bracht eine große Geschichte über sie mit ihrem Foto auf der Titelseite. Sie wurde – schreibt ihr Mann später – geradezu Objekt eines Persönlichkeitskultes, was sie nie angestrebt hatte; ihre spirituelle Disziplin im Verein mit ihrer berühmten Herkunft machte sie einfach dazu.

Suu hat zu jeder Zeit selbstlos agiert. Das gab ihr auch die Kraft durchzuhalten. Denn das Elend fing im Juli 1989 an, als sie verhaftet wurde, nachdem sie angekündigt hatte, sie werde einen Marsch anführen, der durch die Straßen gehen sollte, um die Märtyrer der burmesischen Nation zu ehren. Die Militärs antworteten, indem sie die Straßen mit ihren Truppen füllten. Als Suu sich klarmachen musste, dass es in Rangoon ein fürchterliches Blutbad geben würde, sagte sie den Marsch ab.

Zwischendurch waren ihre Söhne Alexander und Kim zu ihr gekommen, ohne den Vater, der seinen eigenen Vater in Schottland begraben musste.

Da wurde die Heldin am 20. Juli 1989 verhaftet und unter Hausarrest gestellt. Da ihr Mann noch ein Visum für Burma hatte, setzte er sich in das nächste Flugzeug nach Rangoon. Michael Aris wurde am Flughafen gezwungen, zu erklären, er werde unter denselben Arrest-Bedingungen wie seine Frau in dem Haus leben, ohne jemals Kontakt zu irgendeiner Botschaft oder vergleichbaren Institutionen aufzunehmen. Er fand San Suu Kyi in einem Hungerstreik. Am 1. August hatte sie bereits 12 Tage gehungert und 12 Pfund abgenommen.

Ihr Mann und ihre beiden Kinder konnten am 2. September 1989 wieder ausreisen. Ihr Mann durfte noch einmal am Vorabend von Weihnachten kommen und sie besuchen; die Militärbehörden hatte wohl geglaubt, er werde sie davon überzeugen, das Land mit ihm zu verlassen. »Da ich aber die absolute Strenge der Entschlossenheit von Suu kannte, hatte ich nicht mal an so etwas gedacht.« San Suu Kyi ist nicht einmal ausgereist, als Michael Aris starb, weil sie sich ausrechnen konnte, dass sie dann nicht mehr in ihr Land eingelassen würde.

Nun ist aber am 13. November 2010 alles anders geworden. Sie hat sich mit Bravour in das Leben ihres Volkes eingemischt. Sie tut es wie eine Heilige. Wie sie sich bewegt, wie ihr Gesicht angespannt, aber auch durchsichtig ist, das lässt den Betrachter selbst von Fotos ahnen: Diese Frau hat ihr Leben hingegeben für ihre Burmesen.

Man möchte den säkularen Kniefall vor ihr machen, den Willy Brandt vor dem Mahnmal der Widerstandskämpfer im Getto von Warschau getan hat. Für die Burmesen ist sie die »Lady«, die ungekrönte Königin: »DAW SUU«. Sie ist die legendäre Tochter des Vaters der Nation, aber darauf beruft sie sich nicht. Für sie hat alles mit der Rede am 26. August 1988 an der Shwedagon-Pagode begonnen. »Ähnlich wie bei Mandela verlieh ihr die Kombination aus langer Inhaftierung, internationaler Berühmtheit und den alltäglichen Schmähungen durch das Regime eine mystische Aura, die in ihrem Fall noch durch den Nobelpreis gesteigert wird« (ebd., S. 315).

Sie akklimatisiert sich nicht in der Freiheit, sie geht in ihrer Freiheit ganz auf. Sie weiß auch ganz realistisch, dass es noch keinen Rechtsstaat gibt und es natürlich so sein kann, dass es zu einem Rückschlag kommt. Dem Korrespondenten des »Spiegel«, Thilo Thielke, sagte sie in der Ungeschminktheit der Repräsentantin Asiens und dessen, was wir früher arrogant die »Dritte Welt« nannten: »Sie werden z. B. Burma schon in wenigen Tagen wieder verlassen. Aber für die von uns, die hier den Rest ihres Lebens verbringen müssen, kann das Leben sehr mühsam sein« (»Der Spiegel« 47/2010).

Und auf die Frage, ob sie sich denn nicht davor fürchte, verhaftet zu werden, sagte sie dem Vertreter unserer Tarif- und Wohlstandsordnungen und Euromenschenrechte: »Solange es in Burma kein Recht gibt, kann hier jeder Mensch zu jeder Zeit verhaftet werden. Auch Sie können hier sofort verhaftet und abgeschoben werden. Die müssen Ihnen nicht einmal einen Grund dafür nennen.«

Sie kauft die Zeit aus: Das heißt, sie stürmt voran, aber mit der Würde der Völker, die noch die würdevolle Bewegung, Gesten und Respekt gegeneinander kennen. Sie gibt Interviews, sie trifft die Führer ihrer eigenen Partei. Sie erzählt, dass sie zum ersten Mal ein Handy in der Hand hält. Sie geht kurz nach der Freilassung selbstbewusst und klar zum Gericht, nach sieben Jahren Isolation verlangt sie die Wiederzulassung der von der Militärjunta aufgelösten Partei National League for Democracy. Sie braucht die Zulassung der Partei, denn sonst kann sie nicht für sie arbeiten. Sie bietet dem Militärdiktator Than Shwe ein Treffen an. Es sollte möglich sein, meint sie, sich zu sehen und zu sprechen. Aber nicht um Tee zu trinken, sondern »um aufrichtige Gespräche« zu führen.

Sie ist nach Nelson Mandela die Heldin unserer Zeit, es gibt keine größere: Sie hat ein Regime bezwungen. Sie könnte auch durch einen gedungenen Mörder erledigt werden, so wie CIA und KGB es oft genug gemacht haben. Aber sie fürchtet das nicht. »Ich akzeptiere das als eine Möglichkeit.«

Sie ist wirklich die Heldin des Widerstands für unsere Jahre, für unsere und die nächste deutsche Generation.

Das Schönste, was ich von ihr gelesen habe, steht in dem Interview mit Thilo Thielke im »Spiegel« (47/2010, S. 115). Thielke fragt, indem er sie zitiert, sie habe einmal gesagt: Angst sei schon an sich ein Gefängnis.

Aung San Suu Kyi: »Ich mache den Menschen nicht vor, dass sie der Angst entfliehen können. Wichtig ist aber, dass sie der Angst nicht erlauben, ihr ganzes Leben zu bestimmen. Du musst die Kontrolle behalten. Wenn du neben einer äußeren zusätzlich noch von einer inneren Macht wie der Angst beherrscht wirst, dann bist du noch weniger frei. Dann bist du total gelähmt.«

Worte, goldene Worte für das Lehr- und Exerzitien-Buch jedes Widerstandskämpfers, ob er nun in Tschetschenien, in Palästina, in Kuba, in China, in Nordkorea um seine Rechte und die Rechte seines Volkes kämpft. Wir müssen alle auf Knien dafür danken, dass es so jemanden zu unseren Lebzeiten gibt. Bis heute überzeugt sie uns – sie ist bis heute, im Alter von 65 Jahren, von einer fragilen Schönheit, die als Ikone in Burma und in der ganzen Welt herumgeht. Sie ist die Träumerin, der man wünschen möchte, dass sich in den nächsten Monaten ihr Traum erfüllt. Wie Vaclav Havel hat man ihr die Politik aufgedrängt. Das ist das Wunderbare an Politikern wie Mandela und San Suu Kyi, die sich nicht bewerben mussten, kein Geld für den Wahlkampf einwerben mussten, kein Thema aus Rücksicht auf ihre Klientel unterdrücken mussten. Warum haben 400 000 Soldaten und ein ganzes korruptes Regime so viel Angst vor einer im äußeren Erscheinungsbild fast zerbrechlichen Frau? Ganz einfach: Würde morgen in Burma gewählt, so würde sie einen überwältigenden Sieg einfahren, und es gäbe keine Nichtwähler. Dann würden die Generalsdiktatoren weggefegt. *Voilà une femme!*

17. Dezember 2010

Lektürehinweis

Timothy Garton Ash, Jahrhundertwende, München: Hanser, 2010.
Aung San Suu Kyi, Freedom from Fear and Other Writings, London 1991.

Kirchenkrise – wo bleibt unser Widerstand?

Ich erinnere mich an einen Augenblick des Erschreckens unter deutschen Katholiken – anlässlich der Erklärung des Papstes vom 6. Februar 2006 zur Aufhebung der Exkommunikation von vier illegal von der Piusbruderschaft geweihten Bischöfen und damit der De-jure-Wiederaufnahme der Piusbruderschaft in den Schoß der römischen Mutterkirche. Unter den »Versöhnten« war auch Bischof Williamson, der durch die Leugnung des Holocausts und andere grobe Äußerungen eigentlich sein Amt verwirkt hatte. Es ging damals um diesen Williamson hin und her, Papst Benedikt XVI. musste sich schließlich sogar von der deutschen Bundeskanzlerin vorhalten lassen, was er da sozusagen ›innerweltlich‹ angerichtet hatte. Man bedenke doch: Das Oberhaupt des Vatikanstaats steht einer politischen Institution vor und trägt entsprechende Verantwortung für die politisch-gesellschaftliche Wirkung seines Handelns.

Ich war damals von der Bewegung »Wir sind Kirche« nach Hamburg eingeladen, um dort aus Anlass der in Hamburg tagenden Bischofskonferenz einen geharnischten Protest und eine Erklärung im Auftrag der katholischen Laien abzugeben. Ich war zum ersten Mal in Berührung mit dem zivilen Laienwiderstand der Katholiken in Deutschland, der sich in Publikationen wie »Imprimatur« und »Publik-Forum« immer noch sehr anständig und ehrenhaft auszudrücken versucht. Thomas Seiterich war auch für »Publik-Forum« gleich nach Hamburg geeilt.

Protest in der Kirche?

Irgendwie empfindet man Protest in den Koordinaten der kirchlichen Öffentlichkeit als Widerspruch, denn katholisch zu sein, zur römischen Kirche zu gehören, reimte sich in der Vergangenheit für den normalen Gläubigen auf – Gehorsam. Und zum Gehorsam sind noch alle möglichen verstärkenden Ingredienzien gekommen: Der Kniefall vor dem Bischof oder dem Papst, die Ehrfurcht, die wir nicht nur dem Schöpfer aller Welt erzeigen, sondern auch seinen Vertretern auf Erden, hat sich bei uns mehr durchgesetzt als die Vermutung, dass all das der Botschaft unseres Herrn Jesus Christus zuwiderläuft. Wir meinen immer noch, Katholik- und Katholischsein habe mit Bravsein zu tun, mit dem unauffälligen Marsch in der Herde. Verboten scheinen uns der geharnischte Protest, die Demonstration, der Zorn des öffentlichen Widerspruchs.

Der Soziologe Franz-Xaver Kaufmann von der Universität Bielefeld hat uns beschrieben, wie entsetzt er gewesen sei, als er seinen selbstbewussten Vater vor einem leibhaftigen Bischof in der Schweiz, wo er geboren und aufgewachsen ist, niederknien sah. »Mein Vater wurde ein politischer Sprecher der Zürcher Katholiken, meine Mutter stammte aus dem katholischen Westfalen. Drei Onkel und ein Bruder waren Priester. Dennoch – oder auch deswegen – war ich als Heranwachsender schockiert, als ich meinen Vater im Kniefall vor einem Bischof sah.« Und Kaufmann fährt fort, wie ein leiser Rebell, der als gut situierter Professor einer deutschen Universität gar nicht wie ein Revoluzzer aussieht: »Bis heute leuchtet mir nicht ein, weshalb ich den Papst mit ›Heiliger Vater‹ anreden soll, obwohl der biblische Jesus beide Titel *seinem* Vater vorbehalten hat« (Kirchenkrise. Wie überlebt das Christentum? Freiburg 2011, S. 11)

Damals in Hamburg wurde mir der Rückstand der deutschen Katholikenbürger oder Bürgerkatholiken deutlich. Ich hatte mir ein kleines Papier, ein aufmüpfiges zugestanden, zurechtgelegt und vertrat das in einem Hotel an der Rothenbaumchaussee in Hamburg. Wir saßen da und hatten einige bewanderte Journalisten an den Tischen, die das alles kannten.

Entscheidend wäre für die Öffentlichkeit sowohl der Kirche wie der Gesellschaft gewesen, wir wären mit der Resolution zur Rettung des Zweiten Vatikanischen Konzils in den Beratungsraum der Bischöfe gegangen, hätten uns den Zugang mit sanfter Gewalt erzwungen. Wären vor die Bischöfe hingetreten und hätten jemanden dabeigehabt, der auch eine Kamera mitgebracht hätte, um ihnen zu sagen, was die Mehrheit der Katholiken glaubt, denkt, für richtig hält.

Was mich nachträglich irritiert: Warum sollen gewaltlose Formen der Demonstration, der Kundgebung, der Sitzblockade, des kollektiven Verzichts, des Hungerstreiks nicht auch in der kirchlichen Gesellschaft probat und brauchbar sein? Warum verzichten wir auf diese Mittel zugunsten einer Ehrfurcht, die nur Gott zusteht?

Es sind diese Formen des gewaltlosen Protestes, die anzuwenden sind. Denn es wird im 21. Jahrhundert wie bisher einfach weiter dekretiert. So werden in Deutschland allenthalben Kirchen und Gemeinden zusammengelegt, auch in meiner Wahlheimat Troisdorf (auf halber Strecke zwischen Köln und Bonn gelegen). Statt sechs organischer und historisch gewachsener Gemeinden gibt es jetzt ein einziges Großgebilde. Und das, weil jede Kirche und jeder Gottesdienst gebieterisch einen Kleriker braucht. Und die sterben in Deutschland aus.

Diese Kirche vergreist und verknöchert. Das Wichtigste wird nicht mehr gesehen, weil Vorschriften, Anweisungen, Regeln, bürokratische Muster zu beachten sind.

Ein Beispiel. Nicht unbekannt ist uns Älteren, dass unsere Kinder in großer Zahl mit Kirche, dem Gemeindeleben, den Sakramenten, der Zugehörigkeit zum Volk Gottes wenig bis gar nichts mehr zu tun haben. Das allein ist ein solcher Alarmruf, dass er uns eigentlich in Vibration und Bewegung halten sollte und wir nicht mehr aufhören sollten, darüber nachzudenken und etwas zu tun, damit sich dieser Zustand ändert.

Unsere älteste Tochter wurde vor viereinhalb Jahren Mutter eines jungen Mädchens namens Nola. Das Mädchen wurde gezeugt in Zimbabwe, unsere Tochter kam zur Entbindung und Geburt nach Deutschland zurück. Nach anderthalb Jahren – 2009 – hatten die Eltern urplötzlich die Idee, sie wollten die kleine Nola taufen lassen. Gesagt, getan. Wir wollten das mit einem Priester tun, den wir schon seit Studienzeiten kennen und der bereit war, an einem Nachmittag nach Troisdorf-Spich (Kirche Christi Himmelfahrt) zu kommen, um das Kind zu taufen.

Man sollte meinen, in der Kirche Gottes herrsche Jubel und Fröhlichkeit über dieses eine Kind und die beiden Eltern, die sich außerhalb der Reihe plötzlich aufgerufen sahen, ihr Kind taufen zu lassen.

Sie werden es nicht für möglich halten, es scheiterte an Zuständigkeitsregeln und Normalitätsnormen. Die Kirche könne am Nachmittag eines Sonntags nicht einfach geöffnet und aufgeschlossen werden, denn dann würde man schon wieder eine Ausnahme machen – und wo komme man dann hin?

Der Priester, den wir ausersehen hatten, traute sich nicht, die Taufe bei uns zu Hause vorzunehmen, sodass wegen eines bürokratischen Hindernisses die kleine Nola Neudeck – mittlerweile viereinhalb Jahre – bis 2011 noch nicht getauft worden ist.

»Zutritt nur für Sünder«

Franz-Xaver Kaufmann berichtet in seinem neuen Buch über einen Bonner Pfarrer, der vorschlug, an seiner Kirchentür ein Schild anzubringen, ja, es als Schild für jede Kirchentür fordert: »Zutritt nur für Sünder« (ebd., S. 165). Das sollte für uns alle die Richtschnur sein. Es gibt eine tiefe Kluft zwischen der Ebene unserer Hierarchen und einem einfachen Laien wie mir. Ich erlebe die Liturgie, den Gottesdienst, die Kommunion immer wieder als die schönste Bestätigung, dass wir alle gleich sind, gleich groß, gleich wichtig oder unwichtig. Nirgendwo, auch nicht im Rechtsstaat und auch nicht beim Schwur auf die Verfassung, wird mir das so deutlich wie beim Gottesdienst in jeder Kirche (bis nach Vietnam und Ruanda) und im Glaubensbekenntnis.

In der institutionellen und verwalteten Kirchenwelt ist das alles anders. Da gibt es Disziplin, Befehle, verweigerte Transparenz, Maulkörbe für unbotmäßige Meinung, Purpurträger, bombastische Paläste. Kurz, ich bin weiter ein bemüht gläubiger Christ, aber ich brauche die Menschenrechte auch in meiner Kirche.

Ich möchte, dass Männer und Frauen gleich sind. Dass Frauen nicht diskriminiert werden.

Ich möchte, dass Laien genauso wichtig sind wie die Kleriker und nicht herabgestuft werden als diejenigen, die nicht geweiht sind.

Das Memorandum und der noch nicht begonnene Widerstand

Das Memorandum der inzwischen mehr als 200 Theologen deutschsprachiger Universitäten, das im Januar 2011 herauskam, versucht einige der vernünftigen Forderungen, die alle Nochchristen und Nochkatholiken für unumgänglich halten, aufzuschreiben: Die Kirche sei kein Selbstzweck. Sie habe den Auftrag, den befreienden und liebenden Gott allen Menschen zu verkünden. »Das kann sie nur, wenn sie selbst ein Ort und eine glaubwürdige Zeugin der Freiheitsbotschaft des Evangeliums ist.« Das Memorandum nennt dann – etwas buchhalterisch – sechs Handlungsfelder, in denen sich etwas radikal ändern muss:

Es muss erstens mehr Beteiligung vonseiten der Gläubigen geben, von dem, was man euphemistisch das Kirchenvolk nennt. Die Kirche muss vom einseitigen Primat der Kleriker befreit werden. Es braucht mehr Subsidiarität. Zu den Gemeinden heißt es zweitens, dass diese gegenwärtig unter dem Priestermangel erodieren. Hätten wir nicht so viele afrikanische Priester, würden sich die Kirchen noch mehr leeren. Es braucht auch verheiratete Priester und Frauen im kirchlichen

Amt. Das Papier fordert drittens eine Rechtskultur und einen gegenseitigen Respekt von Gläubigen bei verschiedenen Meinungen und Konflikten. Viertens geht es um den Urgrund des Glaubens: die Gewissensfreiheit. Die Hochschätzung der Ehe steht für uns Gläubige außer Frage. Aber das bedeutet nicht, »Menschen auszuschließen, die Liebe, Treue und gegenseitige Sorge in einer gleichgeschlechtlichen Partnerschaft und als wiederverheiratete Geschiedene verantwortlich leben«. Versöhnung setze fünftens Solidarität mit den Sündern voraus wie jener Bonner Pfarrer: »Zutritt nur für Sünder«. Das Papier schließt sechstens mit befreienden Sätzen: Nur wenn die Feier des Glaubens, der Gottesdienst, befreiende Lebenssituationen aufnimmt, wird die kirchliche Botschaft die Menschen erreichen. Angst sei noch nie ein guter Ratgeber gewesen. »Christinnen und Christen sind vom Evangelium dazu aufgefordert, mit Mut in die Zukunft zu blicken und wie Petrus übers Wasser zu gehen: ›Warum habt ihr solche Angst?‹«

Als Fortschritt wird in unseren Kreisen schon gesehen, dass sich wenigstens einer der Kardinäle vom akademisch-vatikanischen Olymp herunterwagt und sich in der FAZ zu dem Memorandum äußert (am 11. Februar 2011, genau an dem Tag, da den Ägyptern der Sturz des Diktators Hosni Mubarak gelungen war). Doch Kardinal Walter Kasper, einst Bischof von Rottenburg-Stuttgart und jetzt Präsident des Päpstlichen Rates zur Förderung der Einheit der Christen, argumentiert immer noch majestätisch. Er sei von der Theologenerklärung »maßlos enttäuscht«. Aber die Katholiken sind nicht enttäuscht, sondern froh über eine solche Erklärung, die ja viele ihrer Sorgen ausdrückt und zur Geltung bringt. Dass die Erklärung theologisch nicht ausgereift oder nicht zureichend gebaut und begründet ist – geschenkt. Aber eine solche Erklärung soll uns Katholiken, den Laien zumal, wieder das Organ dafür geben, dass wir die größte Krise und das größte Problem der Christen, der Kirchen und der Theologie wahrnehmen: die Gotteskrise.

Kirche, Evangelium und Menschenrechte

In die Menschenrechtsdeklarationen ist viel von den Forderungen des Evangeliums eingegangen. Vieles, was sich heute als Menschheitsfortschritt erklärt und es auch ist, scheint der säkularisierte gleiche Inhalt des Religiösen zu sein.

Ich erlebe mit großer Freude, wie sich die Behinderten überall in unserer Gesellschaft gut bewegen können. Es gibt barrierefreie Zugänge zu öffentlichen und privaten Gebäuden, auf den Bahnhöfen Fahrstühle für Behinderte. Aber gleichzeitig erschreckt und erschüttert uns immer noch die Tatsache, dass all diese Rechte, dass die Grundüberzeugung, dass auch Behinderte und Demente Gotteskinder, Geschöpfe des gleichen Schöpfers sind, außer Kraft gesetzt und Menschen mit körperlicher und geistiger Behinderung als lebensunwertes Leben vernichtet wurden.

Deshalb muss die Kirche, müssen Gemeinden, müssen die zwei oder drei, die in seinem Namen versammelt sind, Widerstand gegen die Kriterien und die Weisheit dieser Welt leisten.

Nie werde ich vergessen, dass die Schwestern des Ordens von Mutter Teresa in Addis Abeba niemanden an der Tür abweisen. Denn jeder hatte subjektiv einen Grund, dorthin zu kommen, und jeder hatte das Recht, medizinische Behandlung zu erhalten.

Die größte Aufgabe der Christen, der Protestanten wie der Katholiken, aber auch unserer Muslim-Geschwister ist, der schrecklichen Engführung aller Fragen zu widerstehen, die mit der Sexualität der Menschen zu tun haben. Im Zölibat, in der Verweigerung der Frauenordination, der Diskriminierung von gleichgeschlechtlichen Lebensgemeinschaften wird das ebenso deutlich wie daran, dass muslimische Frauen auf die hinteren Bänke verwiesen werden. Für die katholische Kirche gilt es, alles aufzuräumen und einen Freimut zu gewinnen, von dem sie noch weit entfernt ist.

Die katholische Lehre ist an die rationalistische Moraltheologie der Vormoderne gebunden, sie kennt in Sachen Sexualität eigentlich nur

Todsünden. »So geraten dann Masturbation und Kinderschändung in die gleiche Kategorie« (Franz-Xaver Kaufmann). Auf diesem Gebiet der Sexualität hat besonders die katholische Kirche so viel an Vertrauen und Autorität eingebüßt, dass sie nur dann wieder ins gesellschaftliche Gespräch aufgenommen wird, wenn sie endlich die humanwissenschaftlichen Erkenntnisse über die menschliche Sexualität zur Kenntnis nimmt. Und wenn sie aufhört, die Abtreibung mit dem Mord an sechs Millionen Juden zu vergleichen.

Gegen Rüstung

Und es gibt eine weitere große Widerstandsaufgabe für uns Christen: den Kampf gegen Waffen, die Rüstungsindustrie und den Rüstungsexport. Und dagegen, dass einem starken Militär, das jeden Widerstand zu Wasser, zu Lande und in der Luft zunichte machen kann, immer größere politisch-wirtschaftliche Bedeutung zugemessen wird. Wir haben uns der Drohung als politischer Waffe verschrieben. Wir haben unseren Pazifismus an der Tür zur »Realpolitik« abgegeben. Die Stärke eines Volkes, eines Staates wird militärisch beschrieben. Überall tobt wieder die Begeisterung für Rüstung. Wir haben uns viel zu stark in diese Militärmaschinerie einbauen lassen. Die Delegation des Vorsitzenden des Rates der EKD Nikolaus Schneider ist mit einer Maschine der Bundeswehr nach Afghanistan geflogen. Wie selbstverständlich machte sich die EKD, eine Nichtregierungsorganisation, ihr Bild von der Lage in Afghanistan »eingebettet« in die Quartiere und aus der Perspektive der Bundeswehr. Damit aber bekommt man kein richtiges Bild: Man muss einmal die normalen, zivilen Verkehrsmittel benutzt und sich vom Militär unabhängig gemacht haben, um etwas über die Bedingungen des Verkehrs, der Wirtschaft, des Lebens der Afghanen sagen und vielleicht auch beurteilen zu können, wie sich die Lage in Afghanistan darstellt.

Wenn sich unsere Kirchen hier versündigt haben, wenn sie allzu geschmeidig auf das Militärische und die Gewalt eingegangen sind, dann sollten sie sich jetzt aus diesem unheilvollen Zusammenhang lösen. Die Übel dieser Welt haben systematisch mit dem Aufbau von Armeen und waffenstarrenden Systemen zu tun. Noch immer ist aktuell, was das Zweite Vatikanische Konzil sagte: »Während man riesige Summen für die Herstellung immer neuer Waffen ausgibt, kann man nicht genügend Hilfsmittel bereitstellen zur Bekämpfung all des Elends in der heutigen Welt« (*Gaudium et spes*, 1965). Dem zu widerstehen ist nicht nur Sache der kirchlichen Institution, es ist sittliche Herausforderung an jeden Einzelnen. Der amerikanische Jesuit und Friedensaktivist Daniel Berrigan wusste vor fünfzig Jahren: »Der Friede wird nicht gewonnen ohne eine ernsthafte, beharrliche, opferbereite und mutige Aktion, die von einer großen Zahl von rechtschaffenen Männern und Frauen getragen wird.« Wir sollten dazugehören.

10. Februar 2011

Lektürehinweis

Franz-Xaver Kaufmann, Kirchenkrise. Wie überlebt das Christentum? Freiburg 2011.

Karl-Josef Kuschel, Im Ringen um den wahren Ring. Lessings Nathan der Weise – Eine Herausforderung der Religionen, Ostfildern 2011.

Renaissance des Widerstandes – »Jeder ist der Redner«

Ja, was waren das für gewaltige Tage. Es war etwas wie Goethes Gefühl bei der Schlacht von Valmy, während der Kanonade: »Von hier und heute geht eine neue Epoche der Weltgeschichte aus, und ihr könnt sagen, ihr seid dabeigewesen.« Jedenfalls erlebt man auch die Nachrichten, die Berichte, die Korrespondenten ganz anders, direkter, enthusiasmierter. Jörg Armbruster sagt am 11. Februar 2011, als um 17 Uhr der ägyptische Präsident Mubarak zurückgetreten ist und er vom Jubel der Hunderttausende in der Nil-Stadt Kairo mitgerissen wird, es sei ein so erhebendes Gefühl, das erlebe man nur einmal im Leben eines Reporters.

Sogar der Großmufti von Ägypten, Ali Gooma, schreibt am 13. Februar, zwei Tage nach dem Sturz des Groß-Tyrannen: »Wir sollten uns den revolutionären Moment zunutze machen und weitreichende und umfassende Reformen durchsetzen.« Das – die Revolution – sei ein Moment der Hoffnung, keiner, um alte Rechnungen zu begleichen. Der Islam lehre die Ägypter, schreibt der Großmufti in einem Text, der wohl fruchtbar zur Versöhnung aller Teile der ägyptischen Gesellschaft beitragen kann, »dass wir uns der Zukunft zuwenden, dass wir aktiv sind, um eine bessere Zukunft zu schaffen. Lasst nicht zu, dass alter Groll uns trennt oder den Geist befleckt, der unser Aufbegehren kennzeichnet«.

Die vergangenen Tage hätten, so Großmufti Ali Gooma, alle Teile der ägyptischen Gesellschaft berührt. »In die neue Ära treten wir gemeinsam ein als eine Nation voller Hoffnung und voller Vertrauen in Gott und entschlossen, aus Ägypten ein wohlhabendes Land zu machen« (zitiert nach: Fremde Feder: Ali Gooma – Eine Verfassung für Ägypten, FAZ, 13. Februar 2011).

Erst Tunesien, dann Ägypten, dann Bahrain, dann Libyen, dann ...?!

Man weiß schon gar nicht mehr, wann es angefangen hat, aber am 31. Januar 2011 waren die ägyptischen Menschen schon den sechsten Tag in ununterbrochener Folge in Kairo auf der Straße und dann auf dem Tahrir-Platz.

Wir, Thomas Just (Vorstand der Grünhelme e. V.) und ich, hatten den Beginn dieser wirklichen Revolution verschlafen. Wir waren seit dem 23. Januar in Herat in Westafghanistan und konnten nicht einmal die afghanischen Nachrichten verfolgen, denn im Haus unseres deutsch-afghanischen Teamleiters Zobair Akhi gab es keinen Strom, wir saßen abends nur bei Kerzenlicht und hatten keinerlei Verbindung zur internationalen Nachrichtenwelt.

Am 30. Januar flogen wir mit Kam Air von Herat nach Kabul und erreichten dann das Spinzak Hotel im Westen der Innenstadt. Wir gingen erst einmal durch die quirlige Stadt mit ihren tüchtigen und mutigen Menschen spazieren, am Nachmittag entdeckten wir in dem billigsten Hotel am Platz einen uralten Fernseher und bekamen das Programm von BBC World. Und mussten mit offenem Munde und bewundernd wahrnehmen, dass die Ägypter schon den siebten Tag in Folge demonstrierten. An diesem vorletzten Tag des Januars war noch alles offen. Die BBC-Reporterin auf dem Dach eines Hotels in der unmittelbaren Nähe des Tahrir-Platzes zog ihren Kopf ein, als sie bei einbrechender Dunkelheit von Düsenjägern berichtete, die im Tiefflug über den Eingeweiden der Kairoer Innenstadt flogen. Und Hubschrauber kamen dazu, die ebenfalls im Tiefflug über den Köpfen der Demonstranten flogen, die da schon in die Hunderttausende gingen. Man ahnte: Das wird für den Großherrscher seit 30 Jahren, für Hosni Mubarak, nicht gut ausgehen.

Am nächsten Tag waren wir fast frohgemut auf dem Wege nach Frankfurt und rissen uns gierig die Zeitungen aus den Händen. Der 31. Januar 2011 war noch ein Tag, an dem Mubarak wohl das brutale Eingreifen der Armee geplant hatte. Im Fernsehen ließ er sich zur Abschreckung mit seinem Generalstabschef General Tantawi und den obersten kommandierenden Generälen zeigen. Er setzte den Geheimdienstschef Suleiman als seinen Vertreter ein. Aber die Massen überwältigten die Soldaten in den Panzern, machten ihnen klar, dass sie nicht auf das Volk schießen durften.

Und nach weiteren Tagen des Bangens geht der Diktator am 11. Februar aus dem Amt. Er verschwindet mit einem Hubschrauber an die Küste nach Scharm el Scheik.

Das ist die Wiederaufnahme der Tradition von Courage, mit der allein die Mehrheit der französischen Bürger am 14. Juli 1789 den Bastillesturm begonnen und gegen die überwältigend dynastische Macht der Adels- und Königsgeschlechter sowie der Notablen und Bischöfe der Kirche den Sieg der Französische Revolution mit der für die gesamte Menschheit bis heute faszinierenden und überzeugenden Trinität der drei Versprechungen errungen hatte: Liberté – Égalité – Fraternité.

Tyrannen und Kleptokraten

Alle drei können sich nur zusammen bewähren. Über das Fernsehen und das Internet bekommen wir in Mitteleuropa mit, wie die Ägypter von einem flammenden sozialen und solidarischen Enthusiasmus erfüllt und begeistert sind. Würden wir doch etwas Ähnliches bei dem unerfreulichen Präsidenten Italiens erleben können, den eine Demonstration von eins, zwei, drei Millionen Italienern mit einem Streich aus dem Palazzo Chigi jagen müsste!

Erst allmählich kommt ans Tageslicht, was alles da an weltbewegend Neuem geschehen ist, was uns allen Mut macht. Es gibt immer wieder neue Aufgaben, die der Menschheit gestellt sind, und es erneuern sich auch die Mittel, die ihr an die Hand gegeben werden, um diese gewaltigen Aufgaben zu lösen. Zum Beispiel: ein Tyrannensturz.

Alles fing mit Tunesien an, dem kleinsten Land der nordafrikanischen Nationen, eingeklemmt zwischen Libyen und dem riesengroßen Algerien. Das Volk war in der Lage, etwas zu bewerkstelligen, was im ganzen Nahen Osten und bis nach Burma, nach Kuba und nach Zimbabwe als unmöglich galt: den Sturz des Diktators. Am 14. Januar 2011 war Ben Ali, der tunesische Staatspräsident und Chef einer großen geldgierigen Familie, aus seinem Land nach Saudi-Arabien geflohen. Der 14. Januar galt den Oppositionsgruppen in Ägypten als Fanal für die eigene Rebellion.

Dazu kommt, dass das die erste Internet-, Facebook- oder Twitterrevolution der Geschichte war. Es waren zwar die alten Modalitäten nötig, wie Massenproteste, Massendemonstrationen, Massenveranstaltungen, Sitzblockaden, aber man hatte die Facebook- und Twittergemeinschaft, die die Nachrichten nach überallhin in die arabische Welt sandten. Dieses Medium wird in unserer Generation das Fernsehen überholen. Nicht Al Dschasirah, sondern Facebook war der Geburtshelfer der Revolution.

Die ersten großen Unruhen in Ägypten, die als Brotunruhen ausbrachen, gab es 1977. Aktivisten dieser Brotunruhen waren die Führer der Opposition gegen das Mubarak-Regime. Da gab es besonders die aus anderen Ländern und Kulturen bekannte Bewegung mit dem Namen: »Kifaya«, deutsch: »Genug!« Sie hatte schon sehr früh ein Ende des Regimes von Mubarak gefordert. Selten aber waren es mehr als hundert Demonstranten gewesen, die ganzen Tausendschaften von schwerstbewaffneten Polizisten gegenüberstanden. Man einigte sich auf den 25. Januar 2011 als den Tag, für den alle zehn Organisationen zu einer Kundgebung aufriefen – immer im Wissen um den Erfolg der Rebellion im Nachbarnland Tunesien.

Man darf nicht meinen, all das sei der reinen Spontaneität entsprungen. Es hatte bereits einen Grundkurs in Sachen Volksaufstand und Diktatorensturz gegeben, den die Jugendbewegung »Otpor!«

(deutsch: »Widerstand!«) erteilte, der es im Oktober 2000 gelungen war, den Tyrannen Slobodan Milosevic zu stürzen. Otpor!, von der es damals hieß, sie sei von den USA finanziell unterstützt worden, war als Widerstandsbewegung erfolgreich durch eine ausgeklügelte Strategie der Gewaltlosigkeit. In Belgrad trafen sich nun serbische Otpor!-Aktivisten mit Vertretern der ägyptischen »Bewegung des 6. April«. Diese Bewegung war von dem Blogger und Aktivisten Ahmad Maher gegründet worden. Maher hatte über die gewaltsam niedergeschlagenen Streiks ägyptischer Arbeiter vom 6. April 2008 in Mahalla al Kubra berichtet und danach seine Gruppe benannt. Nach dem Scheitern des Arbeiterstreiks zieht sich Maher an seinen Computer zurück. Aber dort tauscht er sich über Facebook mit Aktivisten in Tunesien aus. Junge Auslandsägypter trainieren andere ägyptische Aktivisten bis zum 25. Januar. Und heraus kommt dieses grandiose Ergebnis: Die große Bewegung ist gewaltlos.

»Cyber War« in Tunesien und Ägypten

Das Internet ist weiterhin enorm wichtig. Im Juni 2010 hatte die Polizei den Blogger Chaled Said zu Tode geprügelt. Dieser wurde zum Helden der Bewegung, die dann am 11. Februar zum Sturz von Mubarak führte.

Rainer Hermann schrieb am 15. Februar 2011, also vier Tage nach dem Sturz, aus Kairo: »Dass die jungen Demonstranten die fünf Stunden lange Schlacht gegen die Polizei am 28. Januar, dem ›Tag des Zorns‹, gewannen, lag entscheidend an den Ratschlägen aus Serbien und Tunesien. Mit Zwiebeln und Essig neutralisierten Aktivisten das Tränengas, mit Milch und Mineralwasser reinigten Demonstranten ihre Augen, sie trugen verborgene Schutzkleidung, sie warfen Farbbeutel auf die Scheiben der Polizeiautos und die Schutzschilde der Polizisten, um ihnen die Sicht zu nehmen. Nach fünf Stunden hatten sie den Tahrir-Platz erobert und erzwangen von dort Mubaraks Rücktritt« (FAZ, 15. Februar 2011).

Auch der Rückschlag am 2. Februar, als die Pro-Mubarak-Horden auf Pferden und Kamelen reitend, mit Macheten und Gewehren bewaffnet, auf dem Platz ein Gemetzel anrichteten, konnte das Ende des Regimes nicht verhindern.

Es ist eine große, geschichtsträchtige Erfahrung für den gewaltfreien Widerstand. Es ist eines der eindrucksvollsten Zeichen und Symbole für People's Power. Es kann gar keine schönere Begeisterung geben. Die Demokratie hat über zweihundert Jahre nach dem ersten großen Sieg des Volkes am 14. Juli 1789 einen weiteren epochemachenden Sieg errungen.

Europa muss handeln!

Die Freude ist in ganz Europa so heftig, die Begeisterung so groß, dass man nicht begreift, warum 5000 Tunesier, die sich auf den Weg gemacht hatten in der Hoffnung, sie bekämen einen großen Empfang, an der Küste von Lampedusa als gefährliches Strandgut mit Flüchtlingsstatus und Asylbegehren behandelt werden. Der deutsche Innenminister Thomas de Maizière schämte sich nicht, im »heute journal« den alten reaktionären Slogan zu zitieren: »Wir können nicht das ganze Elend der Welt schultern.«

Dagegen muss man sich wehren: gegen Eurozentrismus, Egoismus, Kurzsichtigkeit und Angstmache. Mein Gott, Deutschland wird doch wie die anderen nur gebeten, beherzt ein paar Hundert aufzunehmen und für eine Wirtschaft auszubilden, die man dann mit Mitteln des Bundesministeriums für wirtschaftliche Zusammenarbeit im Land aufbauen könnte! Das schaffen wir nicht. Dabei würden uns diese gut ausgebildeten, europäische Sprachen sprechenden Leute auf lange Sicht eine Hilfe sein! Nein, dieses morbide Europa ist zu nichts mehr in der Lage.

Wäre jetzt nicht genau die Stunde, auf die man immer gewartet hat? Dort, in diesen beiden Ländern Tunesien und Ägypten, hat die demokratische Revolution von unten geklappt. Warum jetzt nicht mit den ganz neuen, unverbrauchten, nicht korrupten Kräften, dazu den beiden Religionsgemeinschaften von Christentum und Islam, die sich während der Revolution so gut geschützt und verstanden haben, warum nicht jetzt etwas Großes beginnen? Einen Marshallplan für drei Jahre in Ägypten und Tunesien – Frieden jetzt!

Nach Ägypten: Libyen, Algerien, Iran, Jemen ...?

Das wäre ein Signal im Iran, wo die Mullahkratie sich eingegraben hat mit ihren Schlägerbanden und den verhetzten Abgeordneten, die das Todesurteil für den Oppositionsführer Mir Hossein Mussawi forderten, weil er zum Protest gegen die Wahlfälscherclique, die an der Macht sitzt, aufgerufen hatte. In Isfahan kam es am 15. Februar zu Unruhen. Die Demonstranten riefen: »Wir unterstützen Mussawi!« und »Tod dem Diktator!« In Teheran gingen die gefürchteten Basji-Milizen mit ihren Motorrädern und Knüppeln, MGs und Gewehren gegen die Demonstranten vor, die auf dem Imam-Hossein-Platz und dem Vanak-Platz mutig, ja man muss nach den vollstreckten Todesurteilen sagen: todesmutig gegen das Regime des Religionsführers Ajatollah Ali Chamenei und des Prädsidenten Ahmadinedschad vorgingen. »Erst Ben Ali, dann Mubarak, jetzt Seyyed Ali«, skandierten die Demonstranten. »Seyyed Ali« ist der oberste Religionsführer Ali Chamenei.

Es kann jetzt überall so oder ähnlich geschehen. Es kann in Uganda geschehen mit Yoweri Museveni, es kann in Zimbabwe geschehen mit der unglaublich zynischen Herrschaft des 87-jährigen Robert Mugabe. Es kann in Gabun zu einer Revolte führen, aber auch im Ölstaat Angola, wo die Massen aufstehen könnten gegen den lebenslang herrschenden und die Mittel des Landes verprassenden Führer und Kleptokraten Eduardo dos Santos.

Widerstehen

Die Demokratie wächst nicht nur aus den ordentlichen Formen und Paragrafen einer Verfassung, sondern auch aus einer immer neu zu bewährenden Haltung des Widerstandes. Und die Aktivisten Ägyptens, dieses stolzen Volkes von 85 Millionen Menschen, sind schon unterwegs über Facebook, Twitter und andere neue Medien, um ihre Strategie und Taktik mit denen zu bereden, die in Algerien, im Jemen, in Bahrain, im Iran, in Libyen, in Burma, in Zimbabwe bereit sind, den großen und kleinen Tyrannen zu widerstehen.

16. Februar 2011

Lektürehinweis

Stéphane Hessel, Empört Euch, Berlin 2011.

Albert Camus, Der Mensch in der Revolte, Reinbek: rororo, 27. Aufl., 1997.

Statt eines Nachworts

»Empört euch!« ruft uns Zeitgenossen der 93-jährige Stéphane Hessel, ein Überlebender des französischen Widerstands, in diesen Tagen zu, und vor mehr als einem halben Jahrhundert hat Albert Camus, auch er ein Mitglied der Résistance, den programmatischen Satz geschrieben: »Ich revoltiere, also sind wir.« Wenn die alten Griechen meinten, das Denken beginne mit dem Staunen, so haben wir heute allen Grund anzunehmen, dass es mit der Empörung beginnt, mit dem Akt, in dem ein Mensch Ärgernis nimmt an dem Unrecht und Leiden, das den anderen Menschen geschieht. Das bleibt aber keine bloße Gefühlsaufwallung, es wird zum bewussten Akt und führt zur Tat. Vor allem aber ist es keine schiere Verneinung, die nichts anderes weiß und will als das Nein. Es ist ein Nein um eines Ja willen, es ist Widerstand gegen das, was nicht sein soll, um dessentwillen, was sein soll.

Wenn Bürger gegen ein Großprojekt – ob ein Bahnhof oder eine Wintersportanlage – protestieren, so macht sie das nicht zu simplen »Wutbürgern«, die bloß einmal Dampf ablassen wollen. Sie wollen ja etwas erhalten, sie sagen Nein um einer Sache willen, die sie für wertvoller halten als das Projekt von Politik und Finanzwelt: ihre Um-Welt in ihrer sozialen, ästhetischen und ökologischen Dimension.

Wenn andere sich wehren gegen die unhinterfragte Vorstellung, der moderne Mensch müsse sich der Automatisierung und Beschleunigung seiner Lebenswelt anpassen, so deshalb, weil sie den Sinn des Daseins nicht im bloßen Dabeisein finden und weil sie wissen, dass Besinnung und Bewusstsein Güter sind, die von Schnelligkeit, Flexibilität und Verfügbarkeit aufgefressen werden.

Die aber, die ihr Leben riskieren und eintreten für einen Wert, den sie für größer halten als ihr eigenes, individuelles Leben, erklären wir gern zu Helden, vielleicht deshalb, weil sie uns mit ihrer Großtat von den sittlichen Pflichten unseres kleinen Alltags dispensieren. Ihnen wagen wir ja nicht vorzuwerfen, sie hätten bloß Nein sagen, Dampf ablassen oder sich wichtig machen wollen. Wir sind schließlich wohlerzogen. Aber es ist doch praktisch, wenn die Heldenverehrung entlastet. Das dürfen wir zugeben.

Wir müssen schon ehrlich sein mit uns selbst. Nur so kann die Haltung, das Verhalten eines Helmuth James Graf Moltke oder einer Aung San Suu Kyi zum anstachelnden Vorbild werden, statt als Andachtsbild zu verblassen. Sie zeigen uns: Widerstand ist möglich, wenn er getragen ist von der Überzeugung, dass das, wofür jemand sein Leben einsetzt, größer ist als dieses Leben – sei es die wahre Gottesliebe, die Menschenliebe ist, sei es die Idee einer Gesellschaft von freien, gleichen, brüderlichen Menschen.

Aber ein solcher Fall von Widerstehen wird zur Zerreißprobe. Im durchschnittlichen Leben des Zeitgenossen der nördlichen Hemisphäre kommt er selten vor – gottlob. Und doch kann das Leben dessen, der Nein sagt, weil er um ein größeres Ja weiß, verdammt unbequem werden: So sind vor vier Jahrzehnten die Brüder Berrigan, beide Priester und einer von ihnen, Daniel, eine literarische Begabung und Hoffnung, ins Gefängnis gegangen, weil sie sich US-Amerikas Krieg in Vietnam tätig widersetzten. Und eine Handvoll anderer Amerikaner, Ingenieure in der Rüstungsindustrie, haben ihre Jobs aufgegeben, weil sie wussten, dass es der Zweck von Waffen ist, Menschen zu töten, und dass es ein höheres Gut ist, fremdes Leben zu erhalten, als es zu vernichten. Sie sind die Vorbilder, die uns nahestehen.

Auch die Tausende, die heute in der arabischen Welt demonstrierend auf die Straße gehen und den Sicherheitskräften ins Angesicht widerstehen, nicht aus der Oppositionslust ihres südländischen Temperaments oder weil das Testosteron sie antreibt, sondern aus dem Bedürfnis nach besserem Leben – auch sie taugen zum Vorbild.

Den Leserinnen und Lesern dieses Büchleins muss man keine zusätzliche Liste in die Hand drücken, damit sie mitkriegen, wo ihr Widerstandsgeist gefragt ist. Die Kollateralschäden der bestehenden Weltunordnung sind im Großen wie im Kleinen gut zu sehen.

Empört euch! Es gibt Grund dazu.

16. Februar 2011

Publik-Forum *Edition*

Hans-Joachim Schemel

Wirtschaftsdiktatur oder Demokratie?

Wider den globalen Standortwettbewerb – für eine weltweite Regionalisierung

Die Spaltung unserer Gesellschaft in wenige Gewinner und viele Verlierer schreitet voran. Die wachsende globale Standortkonkurrenz wird diese Spaltung verschärfen. Die Demokratie ist weltweit bedroht, wenn es der Politik nicht gelingt, die global agierende Wirtschaftselite in ihre Schranken zu weisen. Das vorliegende Buch plädiert für die Stärkung der Regionen. Denn nur dort, wo die Menschen leben, können sie Macht kontrollieren und Politik mitgestalten. **272 Seiten. Bestell-Nr. 2922**

Wolfgang Kessler, Antje Schneeweiß (Hg.)

Geld und Gewissen

Was wir gegen den Crash tun können

Mehr Geld für eine gerechtere Welt, mehr Investitionen in eine nachhaltige Zukunft und ein Finanzsystem, das den Menschen dient – das vorliegende Buch zeigt, dass diese Ziele realistisch sind. Mit Gastbeiträgen von Ulrich Duchrow über die Religionen und das Geld und von Ralf Becker über die Chancen regionaler Währungen. **192 Seiten. Bestell-Nr. 2909**

Till Bastian

Überleben im Treibhaus

Strategien gegen Naturzerstörung und Kriegsgefahr

Strategien gegen den Klimawandel fordern viele. Doch Till Bastian geht weiter: Er verlangt ein ökologisches Weltbürgerrecht für alle Menschen. Für ihn kann die Spaltung der Menschheit in eine privilegierte Minderheit und in eine arme Mehrheit nur verhindert werden, wenn die Menschen ihre Lebensrechte einklagen können: den Zugang zu sauberen Wasser, den Schutz vor der Zerstörung ihrer Heimat.

160 Seiten. Bestell-Nr. 2924

Bestellung an: Publik-Forum, Postfach 2010, D-61410 Oberursel, Tel.: 06171/700310, Fax: 06171/700346, E-Mail: Shop@Publik-Forum.de **Bestellungen im Internet:** www.publik-forum.de/shop